Peter Hoffmann / Johannes Wahl

Training Intensiv Deutsch Aufsatz 9./10. Schuljahr

Klett Lernen und Wissen

Bibliographische Information Der Deutschen Bibliothek
Die Deutsche Bibliothek verzeichnet diese Publikation in der Deutschen Nationalbibliographie; detaillierte bibliographische Daten sind im Internet über http://dnb.ddb.de abrufbar.

Auflage 4. 3. 2. 1. | 2009 2008 2007 2006
Die letzten Zahlen bezeichnen jeweils die Auflage und das Jahr des Druckes.
Dieses Werk folgt der reformierten Rechtschreibung und Zeichensetzung. Ausnahmen bilden Texte, bei denen künstlerische, philologische oder lizenzrechtliche oder andere Gründe einer Änderung entgegenstehen.

Internetadresse: www.klett.de
Zeichnungen: Naomi Fearn, Berlin; S. 199: Andreas Florian, Lübeck
Umschlaggestaltung: VIER FÜR TEXAS Ideenwerk, Frankfurt/Main
Satz: Klaus Bauer, Bondorf
Reproduktion: Meyle + Müller, Medien-Management, Pforzheim
Druck: Gulde-Druck GmbH, Tübingen
Printed in Germany.
ISBN-13: 978-3-12-927039-4
ISBN-10: 3-12-927039-6

9 783129 270394

Erörterung

Analytische Interpretation literarischer Texte

Alle Tests auf einen Blick

Erörterung

ES IST HEISS. DA WÜRDE UNS EIN EIS ABKÜHLEN.
ANDERERSEITS HÄTTE ICH AUCH LUST AUF EINE KALTE SÜSSIGKEIT. DAS SPRICHT FÜR EIN EIS
?
WAS MACHT IHR DENN?
sei stark
WIR ERÖRTERN OB WIR UNS EIN EIS KAUFEN
ABER BEI EINER ERÖRTERUNG MUSS MAN DOCH DAS FÜR UND WIDER ABWÄGEN
UNS FÄLLT KEIN ARGUMENT DAGEGEN EIN.

1 Freie Erörterung

1.1 Start

Bist du mit den Grundbegriffen und -regeln der Erörterung schon einigermaßen vertraut? Überprüfe es!
Das Lösungswort bezeichnet etwas, das du unbedingt brauchst, um in der Erörterung glaubhaft zu sein.

Erörtern bezeichnet eine schriftliche Form der
a) Beschreibung **E** b) Erzählung **I** c) Diskussion **A**

Die Anordnung der Argumente ist
a) fallend **T** b) steigernd **R** c) abhängig vom Thema **U**

Wichtige Vorarbeit einer Erörterung:
a) Gliederung **G** b) Zimmer aufräumen **H**

Erster Schritt ist jedoch immer:
a) Mindmap **Z** b) Stoffsammlung **U**

Kontroverse Erörterungsformen nennt man:
a) dialektisch **M** b) monokausal **B**

In der Einleitung kannst du beginnen mit
a) persönlichem Beispiel **E** b) persönlicher Stellungnahme **A**

Bei einer kontroversen Erörterung
a) bleibt der Schluss offen **R** b) enthält der Schluss eine eindeutige Schlussfolgerung **N**

Gegenpositionen werden häufig bezeichnet als
a) pro **O** b) contra **T**

Lösungswort: ___ ___ ___ ___ ___ ___ ___ ___

1.2 Typen der freien Erörterung

Die freie Erörterung ist eine Aufsatzform, die dir aus der Klasse 8 im Zusammenhang mit schriftlichem Argumentieren oder anderen Vorformen sicher bereits bekannt ist. Im Grunde genommen ist die Erörterung eine schriftliche Diskussion, die du mit dir selbst führst.
In aller Regel hast du bisher Gründe für einen Sachverhalt zusammenstellen oder auch verschiedene Aspekte eines Problems darlegen und in eine Rangfolge bringen müssen.
In den Jahrgangsstufen 9 und 10 wirst du in zunehmendem Maße aufgefordert, nicht nur Argumente und Beispiele für eine These zu sammeln und zu gewichten, sondern auch Gegenpositionen zu deiner eigenen Auffassung zu berücksichtigen.
Mit diesen zwei Formen der Erörterung sind natürlich auch zwei völlig unterschiedliche Aufgabenstellungen verbunden.

Die **lineare oder einsträngige Erörterung** konzentriert sich auf das Zusammentragen von Argumenten und Beispielen, um deine Ausführungen zu belegen. Sie dient dazu, **eine Position** überzeugend darzustellen.

Die **dialektische** oder **pro- und contra-Erörterung** gleicht eher einer richtigen Diskussion, da sie **Argumente und Gegenargumente** mit einbezieht, um zu einer **ausgewogenen Stellungnahme** bzw. Schlussfolgerung zu kommen.
Im Gegensatz zur einsträngigen Erörterung musst du dich hier mit **kontroversen Sachverhalten** auseinander setzen. Dabei ist es erforderlich, selbst dann Gegenpositionen zu berücksichtigen, wenn du persönlich diese ablehnst.

Ein **Erörterungsaufsatz** – egal, welche Form du bearbeitest – gliedert sich grundsätzlich in **Einleitung, Hauptteil und Schluss**.

Achte darauf, die Erörterung im Präsens und in einem sachlichen Stil zu verfassen.

1

Um entscheiden zu können, wie du vorgehen musst, ist es also wichtig, zu erkennen, welcher Aufgabentyp der freien Erörterung vorliegt. Du kannst dies an den folgenden Beispielen trainieren, die typischen Themenfeldern von Erörterungen entnommen sind.
Kreuze die jeweilige Form der Erörterung an, die sich aus der Aufgabenstellung ergibt.

Aufgabenstellung	linear	dialektisch
Modernes Leben		
1. Schönheitsoperationen kommen immer mehr in Mode. Erörtere die Gründe für diese Entwicklung!	☐	☐
2. „Ohne mein Handy könnte ich nicht leben." Setze dich mit dieser Behauptung auseinander!	☐	☐
Medien		
3. Auf der Jagd nach Schlagzeilen dringen Journalisten häufig stark in die Privatsphäre ein. Da Appelle an eine Selbstzensur offenbar wenig nutzen, sollte zum Schutz des Einzelnen die Pressefreiheit eingeschränkt werden. Erörtere, inwieweit du dieser Meinung zustimmen kannst!	☐	☐
4. In sogenannten Reality-TV Sendungen (z B. „Big Brother", „Ich bin ein Star – Holt mich hier raus") werden Menschen immer mehr entblößt und erniedrigt. Erörtere die Hintergründe für diese Entwicklung und nimm Stellung dazu!	☐	☐
5. „Der Informationswert des Fernsehens strebt gegen Null." Setze dich mit dieser Meinung auseinander!	☐	☐
6. Computerspiele sollten verboten werden. Setze dich mit dieser These auseinander!	☐	☐

Aufgabenstellung	linear	dialektisch
Politik/Gesellschaft		
7. Soziales Engagement lässt immer mehr nach. Erörtere die Ursachen für diesen Trend!	☐	☐
8. Nach der Schule sollte jeder ein soziales Pflichtjahr ableisten. Erörtere, ob du dieser Auffassung zustimmen kannst!	☐	☐
9. Deutschland – ein Einwanderungsland. Erörtere Chancen und Probleme dieser Entwicklung!	☐	☐
Schule		
10. Für Klassenfahrten und andere Aktivitäten fällt zu viel Unterricht aus. Erörtere, ob solche außerunterrichtlichen Veranstaltungen sinnvoll sind oder ob sie abgeschafft werden sollten!	☐	☐
11. Jungen und Mädchen lernen besser, wenn das andere Geschlecht nicht da ist. Überprüfe, inwieweit du dem zustimmen kannst und erörtere, wie die Schule der Zukunft damit umgehen sollte!	☐	☐
12. „Warum müssen wir das langweilige Zeug lernen? Das braucht man später sowieso nicht." Setze dich mit dieser Schüleräußerung auseinander!	☐	☐
Arbeit und Beruf		
13. Die Jugendarbeitslosigkeit nimmt immer mehr zu. Erörtere, welche Gründe es dafür gibt und wie man Abhilfe schaffen könnte!	☐	☐

2

Suche aus den Aufgabenstellungen zwei sprachliche Varianten heraus, die typisch für eine pro- und contra-Erörterung sind und schreibe sie auf.

1.3 Die lineare Erörterung – Arbeitsschritte

Um einen Sachverhalt in einer linearen Erörterung überzeugend darstellen und begründen zu können, musst du möglichst viele Gesichtspunkte ansprechen. Du solltest jeden dieser Aspekte ausführlich darlegen, damit sich seine Wirkungs- und Überzeugungskraft in deiner Argumentation entfalten kann.

Arbeitsschritte und innerer Aufbau des Hauptteils

Idealerweise besteht jeder Aspekt deiner Argumentation aus:

- **Thesen** in Form von Aussagen, Behauptungen oder Meinungen
- **Argumenten**, die deine Behauptungen begründen
- **Beispielen**, die deine Ausführungen konkretisieren und belegen.

Als ersten Schritt solltest du deshalb eine **ungeordnete Stoffsammlung** erstellen. Am besten gehst du dabei von den **Schlüsselwörtern**, also den zentralen Begriffen der Themenstellung, aus.

In einem zweiten Schritt muss die Stoffsammlung nach **übergeordneten Gesichtspunkten sortiert** werden. Dies kann in Form einer neuen strukturierten Liste oder – noch besser – als **Mindmap** geschehen. In beiden Formen solltest du deutlich herausstellen, wie du einzelnen Argumenten bzw. Thesen Beispiele zuordnest.

Im dritten Schritt musst du eine **Gliederung** erstellen, die die Abfolge der Argumentation festlegt. Ordne dabei die **Aspekte im Hinblick auf ihre Bedeutung steigernd an.**
Wie bei einer Rede bleibt dem Leser das letzte Argument am besten in Erinnerung, sodass die wichtigsten Aspekte gegen Ende deiner Argumentation kommen sollten.

Achte auch auf eine **sprachliche Steigerung** der Argumentation, indem du Formulierungen wie „entscheidend ist für mich …" oder „wichtiger ist ohne Zweifel …" gebrauchst.

1

Erstelle eine ungeordnete Stoffsammlung zu folgenden Themen:

a) Schönheitsoperationen kommen immer mehr in Mode. Erörtere die Gründe für diese Entwicklung.

b) „Wir leben in einem Computerzeitalter." Erörtere die Bedeutung des Computers in unserem heutigen Leben und nimm zu der Aussage Stellung.

2

Zu dem Thema „Soziales Engagement lässt immer mehr nach. Erörtere die Ursachen für diesen Trend!" liegt dir die folgende (noch ungeordnete) Stoffsammlung vor.

- schulische Verpflichtungen
- Egoismus
- wir leben in einer gefühlskalten Welt
- Deutschland als „kollektiver Freizeitpark"(Ex-Bundeskanzler Kohl)
- soziale Berufe?
- Zeit
- freiwilliges soziales Jahr
- als Klassensprecher hat man nur Ärger / unangenehme Pflichten
- „Jeder ist sich selbst der Nächste"
- Nachmittagsunterricht
- Beruf lässt keine Zeit
- Zivildienst
- Vorbilder?
- Kapitalismus
- ehrenamtliches Engagement wird nicht honoriert
- Formen von sozialem Engagement?
- Klassensprecher will bei uns niemand werden
- soziale Berufe werden schlecht bezahlt
- Wo kann man soziales Engagement lernen, wo wird einem das beigebracht?
- Bedeutung von sozialem Engagement für die Gesellschaft
- Rolle der Eltern?
- Rolle der Schule?
- jeder will nur seinen Spaß haben
- sozialer Einsatz kann belastend sein (Umgang mit Kranken, Sterbenden)

Strukturiere die Stoffsammlung anhand übergeordneter Aspekte in einer Mindmap.

3

Erstelle nach entsprechenden Vorarbeiten eine Gliederung zum Thema: „Erörtere die Gründe für das Desinteresse Jugendlicher gegenüber der Politik".

1.4 Die dialektische Erörterung – Arbeitsschritte

Grundsätzlich gelten die vorbereitenden Schritte, die du bei der einsträngigen oder linearen Erörterung trainiert hast, auch für die dialektische Erörterung.
Aus der Tatsache, dass du auch Gegenpositionen berücksichtigen musst, ergibt sich jedoch eine aufwendigere Stoffsammlung und ein komplexerer Aufbau.

Arbeitsschritte und innerer Aufbau des Hauptteils
Du beginnst mit einer **ungeordneten Stoffsammlung**, die zunächst pro- und contra-Argumente bzw. Beispiele auflistet. Es empfiehlt sich, von Beginn an eine **Tabelle mit zwei Spalten** für die jeweiligen Positionen anzulegen.

Im zweiten Schritt musst du die Stoffsammlung nach **übergeordneten Gesichtspunkten** sortieren bzw. gliedern. Ideal ist es, wenn du sowohl für die eine als auch die andere Seite **vergleichbare** Gesichtspunkte finden kannst.

Im dritten Schritt folgt der Entwurf einer **Gliederung**. Bei der dialektischen Erörterung stehen dir dafür zwei Möglichkeiten zur Verfügung:

In der **einfacheren Variante** präsentierst du zunächst alle Thesen, Argumente und Beispiele **einer Position und stellst diesen dann die Gegenpositionen gegenüber**.
Diese blockartige Anordnung ist besonders dann geeignet, wenn sich keine vergleichbaren übergeordneten Gesichtspunkte für die pro- und contra-Positionen finden lassen. Für jede Position, die du darlegst, ordnest du die Argumentation **steigernd** an.
Wie bei der linearen Erörterung platzierst du die **entscheidenden Argumente am Ende**. Das bedeutet, dass abhängig von deiner eigenen Position eine jeweils unterschiedliche Gliederung entstehen muss.
Bist du eher ein **Befürworter der Ausgangsthese,** beginnst du deine Ausführungen mit den **Gegenargumenten**, um erst **am Ende** deine **pro-Argumente** darzustellen.

Sollen vor allem die **kritischen Argumente überwiegen** bzw. in **Erinnerung bleiben**, musst du mit den Argumenten beginnen, die die in der Aufgabenstellung formulierten **Aussagen scheinbar unterstützen**, um sie **anschließend zu widerlegen**.

In einer besseren, aber auch **anspruchsvolleren und schwierigeren Variante** kannst du versuchen, Argumente und Gegenargumente **unter übergeordneten Gesichtspunkten** zu diskutieren und **einander abwechseln zu lassen**. Diese **aspektbezogene Anordnung** setzt eine entsprechende Gliederung voraus.

Stehst du der **Ausgangsthese kritisch gegenüber,** solltest du immer **zuerst die positiven Seiten** nennen, um diese dann mit **Gegenargumenten** zu entkräften. Mit dem **letzten Argument**, das schließlich die größte Wirkung auf den Leser entfalten soll, kannst du dann ebenfalls die zu erörternde Behauptung **in Zweifel ziehen**.

Möchtest du dagegen die **Ausgangsthese insgesamt stützen**, so legst du die gesamte Erörterung **genau anders herum** an.
Achte auch hier darauf, die Aspekte hinsichtlich ihrer Bedeutung **steigernd** anzuordnen.
Nicht nur durch die Anordnung, sondern auch durch die **sprachliche Gestaltung** sollte der Leser merken, welche Position du vertrittst.

1

Die Aufgabenstellung einer Erörterung lautet: Computerspiele sollten verboten werden. Setze dich mit dieser These auseinander!
Erstelle hierzu eine ungeordnete Stoffsammlung.

2

Erstelle jeweils eine aspektbezogene Gliederung zu folgenden Erörterungsthemen:

a) Für Klassenfahrten und andere Aktivitäten fällt zu viel Unterricht aus. Erörtere, ob solche außerunterrichtlichen Veranstaltungen sinnvoll sind oder ob sie abgeschafft werden sollten!

b) Deutschland – ein Einwanderungsland. Erörtere Chancen und Probleme dieser Entwicklung!

Formuliere zunächst stichwortartig, ob du der Ausgangsthese eher positiv oder negativ gegenüberstehst. Überprüfe dann anhand dieser Stichwortliste die Anordnung deiner Argumente.

1.5 Die sprachliche Gestaltung

In der dialektischen Erörterung solltest du deine pro- und contra-Argumente nicht einfach nur nennen, sondern **wertend darstellen**, da sich die Argumente sonst lediglich widersprechen und sich in gewisser Weise gegenseitig aufheben.

Hilfreiche Formulierungen in diesem Zusammenhang sind:

- **Manche mögen einwenden, dass ...**
- **Es dürfte sich als Irrtum herausstellen, dass ...**
- **Obwohl Kritiker Recht behalten dürften mit ihrer Auffassung, dass ..., ist zu bedenken ...**
- **Einerseits gilt sicherlich, ... doch andererseits ist festzuhalten, dass ...**
- **Auch wenn sich herausstellen sollte, dass ...**
- **Sicherlich ist einzuräumen, ..., aber ...**
- **Dennoch erscheint mir wichtiger zu sein, dass ...**
- **In Anbetracht dieser Tatsachen kann wohl niemand behaupten, dass ...**

Die Aufgabenstellung einer Erörterung lautet:

Der Informationswert des Fernsehens strebt gegen Null. Setze dich mit dieser Meinung auseinander!

Im folgenden Textausschnitt legt ein Autor seine Gedanken zu diesem Thema dar:

Es ist sicherlich zwischen den öffentlich-rechtlichen und den privaten Sendern wie RTL oder SAT1 zu unterscheiden. Die privaten Fernsehstationen finanzieren sich ausschließlich durch Werbung und sind deshalb auf Zuschauer angewiesen. Deshalb setzen sie auf Unterhaltung und bringen vornehmlich Spielfilme, Quizshows und Soaps wie „GZSZ“ oder „Verbotene Liebe“. Die öffentlich-rechtlichen Sender bringen ein ziemlich ausgewogenes Angebot an Informations- und Unterhaltungssendungen. Bei den Informationssendungen ist nicht nur an die Nachrichten zu denken, sondern auch an die vielen politischen Magazine (z. B. „Brennpunkt“) oder Talkshows mit hochrangigen Gästen (z. B. „Christiansen“).

Nachrichten auf den privaten Kanälen dienen weniger der Information, sondern eher dem Infotainment, also bestenfalls der informativen Unterhaltung. Dabei werden Fakten zu Sensationen aufgebauscht. Ihre Nachrichten betonen daher auch Unglücksfälle und Katastrophen wie z. B. Überschwemmungen oder Verbrechen. Bei ARD und ZDF dominieren die harten Fakten wie z. B. Arbeitslosenstatistiken oder die Berichte von Staatsbesuchen. Aufmachung und Berichterstattung sind seriös. Hier wird der Zuschauer gut informiert.

1

Ist der Autor deiner Ansicht nach eher für oder gegen die zu erörternde These? Woran kannst du das erkennen?

2

Welche übergeordneten Gesichtspunkte kannst du als Gliederungsprinzip feststellen?

3

Schreibe einen neuen Text, in welchem du den Ausschnitt der Erörterung durch gewichtende Formulierungen verbesserst und eine Steigerung der Argumentation sprachlich deutlich machst.

4

Verfasse nach den entsprechenden Vorarbeiten (Stoffsammlung, Gliederung) den Hauptteil einer Erörterung für die folgende Aufgabenstellung:

Auf der Jagd nach Schlagzeilen dringen Journalisten häufig stark in die Privatsphäre ein. Da Appelle an eine Selbstzensur offenbar wenig nutzen, sollte zum Schutz des Einzelnen die Pressefreiheit eingeschränkt werden. Erörtere, inwieweit du dieser Meinung zustimmen kannst!

1.6 Der Rahmen einer Erörterung – die Einleitung

Die Einleitung besitzt eine doppelte Funktion. Auf der einen Seite soll sie den Leser in das Thema deiner Erörterung einführen. Auf der anderen Seite ist sie ein „Aufmacher", um beim Leser Interesse für das Thema zu wecken.

Achte darauf, deine Einleitung mit einem Einstieg zu beginnen, der Aufmerksamkeit erzeugt und den Leser auf die folgenden Ausführungen vorbereitet. Dies kann auf unterschiedliche Art und Weise geschehen:

- **mit einem konkreten Anlass** (z. B. „Gestern wurde in den Nachrichten behauptet …")
- **mit einer rhetorischen Frage** (z. B. „Haben Sie sich nicht auch schon gefragt, ob …")
- **mit allgemeingültigen Behauptung** (z. B. „Seit Jahrzehnten hält der Computer immer mehr Einzug in unser Leben …")
- **mit einem Beispiel aus eigener Erfahrung** (z. B. „meine Mutter meinte neulich …")

Um den Leser über den Gegenstand deiner Erörterung zu informieren, solltest du die **Frage- bzw. Aufgabenstellung in deine Einleitung übernehmen**. Dies muss nicht wortwörtlich geschehen, du kannst die Aufgabenstellung auch sinngemäß wiedergeben.

Signalisiere dem Leser das Ende der Einleitung, indem du den Hauptteil mit einem neuen Absatz beginnst.

1

Verfasse jeweils eine Einleitung mit einem Beispiel aus deinem persönlichen Erfahrungsbereich zu folgenden Erörterungsthemen:

a) „Ohne Handy könnte ich nicht leben." Setze dich mit dieser Behauptung auseinander!

b) „Warum müssen wir das langweilige Zeug lernen? Das braucht man später sowieso nicht." Setze dich mit dieser Schüleräußerung auseinander!

2

An folgendem, kontroversen Thema „In Klasse 10 werden häufig Fahrten zu nationalsozialistischen Gedenkstätten (z. B. Konzentrationslagern) unternommen. Nimm Stellung dazu, inwieweit solche Fahrten sinnvoll sind!" kannst du mehrere Teilbereiche einer Erörterung üben.

a) Konzipiere eine Einleitung unter Verwendung einer rhetorischen Frage.

b) Überlege einen beliebigen übergeordneten Aspekt für den Hauptteil und führe diesen mit pro- und contra-Argumenten aus. Denke dabei sowohl an die Anordnung der Argumente als auch an die sprachliche Gestaltung.

1.7 Der Rahmen einer Erörterung – der Schluss

Obwohl der Schluss vom Umfang her nur einen kleinen Teil der Erörterung ausmacht, gehört er dennoch zu den wichtigsten Passagen deiner Arbeit. Er sollte den Aufsatz abrunden und die zentrale Aussage nochmals akzentuieren.

In vielen Aufgabenstellungen wirst du ausdrücklich zu einer **abschließenden Stellungnahme** aufgefordert. Selbst wenn dies nicht der Fall ist, besteht hier die Gelegenheit, nach einer eher sachlich vorgetragenen Erörterung eines Sachverhaltes deine **persönliche Einstellung** zu betonen.

Insbesondere bei der **dialektischen Erörterung** dient der Schluss zur **endgültigen Klärung deiner Position**. Auch wenn sich ein aufmerksamer Leser aufgrund deiner sprachlichen Gestaltung und der Anordnung der Argumentation bereits denken könnte, welche Auffassung du vertrittst, darfst du ihn nach den vorgetragenen widersprüchlichen Argumenten in keinem Fall im Unklaren lassen, sondern musst zu einer **abgewogenen Schlussfolgerung** kommen, die deine Erörterung abrundet.

Vermeide einen offenen Schluss, d. h. vermeide es, den beiden diskutierten, sich aber widersprechenden Positionen Recht zu geben.

Du kannst **folgende Formulierungen** verwenden:
- **Zusammenfassend ist festzuhalten, ...**
- **Nach den obigen Ausführungen komme ich zu der Schlussfolgerung, ...**
- **Für mich persönlich kann das Ergebnis daher nur dahingehend lauten, ...**
- **Abschließend möchte ich feststellen, ...**
- **Nach Abwägung der Argumente bin ich der Auffassung, ...**

1

Verfasse einen Schluss zu der Erörterung, die du bereits begonnen hast. Das Thema lautet:

In Klasse 10 werden häufig Fahrten zu nationalsozialistischen Gedenkstätten (z. B. Konzentrationslagern) unternommen. Nimm Stellung dazu, inwieweit solche Fahrten sinnvoll sind!

Achte darauf, dass der Schluss zur Einleitung und der Anordnung der Argumente passt.

2

Für den Hauptteil der folgenden Erörterung ist die nachstehende Gliederung erstellt worden.

In so genannten Reality-TV Sendungen (z. B. „Big Brother", „Ich bin ein Star – Holt mich hier raus") werden Menschen immer mehr entblößt und erniedrigt.
Erörtere die Hintergründe für diese Entwicklung und nimm Stellung dazu!

Gliederung des Hauptteils:

1. Definition von Reality-TV Sendungen

2. Trends von Privatsendern zu immer größerer Freizügigkeit und Gewalt
2.1 Fortgesetzte Tabubrüche (z. B. Gewaltdarstellungen)
2.2 Eindringen in die Privatsphäre (z. B. bei Talkshows)

3. Bedeutung von Einschaltquoten
3.1 Starke Konkurrenz auf dem Fernsehmarkt
3.2 Werbeeinnahmen

4. Prominente nutzen Sendungen, um sich in Erinnerung zu rufen
4.1 Image-Pflege
4.2 Finanzielle Gründe

5. Voyeurismus der Zuschauer (Lust am Leid, Interesse an Geheimnissen anderer)

6. Zuschauer wollen immer größere Sensationen
6.1 Sex vor laufender Kamera
6.2 Kakerlaken am Körper

Entwirf nun eine persönliche Stellungnahme für den Schluss der Erörterung, der die Gliederung berücksichtigt!

1.8 Die anlassbezogene Erörterung

Anlassbezogene Formen der Erörterung verknüpfen die schriftliche Auseinandersetzung eines Sachverhaltes mit einer bestimmten Kommunikationssituation aus deinem Alltag. Typische Formen dafür sind ein Zeitungsartikel (z. B. für die Schülerzeitung) oder ein schriftlicher Entwurf für eine Rede.

Zeitungsartikel – selbst in einer Schülerzeitung – sind für eine **größere Öffentlichkeit** bestimmt und haben deshalb ein eigenes Anforderungsprofil. Wichtig ist dabei, zunächst den **Leserkreis** zu berücksichtigen. Jede Zeitung richtet sich an einen bestimmten Kreis von Adressaten, der über ein gemeinsames Wissen verfügt, das nicht erklärt werden muss. Aufgrund des öffentlichen Charakters **verzichtest** du lieber auf allzu **persönliche Details**. Das bedeutet, dass du in der **Einleitung** Geschichten aus deinem persönlichen Erfahrungsbereich (z. B. der Familie) vermeiden solltest. Auch die **Stellungnahme** am Schluss sollte über das eigene Empfinden hinausgehen und eine weitergehende öffentliche Relevanz haben.

Für eine **Rede** gilt hinsichtlich des **Adressatenbezuges** und der **öffentlichen Wirkung** Ähnliches wie für den Zeitungsartikel. Prüfe zunächst genau, **vor wem** die Rede gehalten werden soll. Es macht einen großen Unterschied aus, ob du sie vor der Klasse, allen Schülern oder sogar Lehrern und Eltern halten willst.
Um die **Wirkung** deiner Argumentation in der Rede **optimal** zu gestalten, solltest du deine Zuhörer immer wieder **direkt ansprechen** (z. B. „liebe Mitschüler, verehrte Eltern …").
Das sollte auf jeden Fall zu Beginn deiner Rede geschehen, ist aber auch zwischendurch notwendig, um **Kontakt mit dem Publikum** zu halten. Verzichte auch hier auf Details, die nur dich persönlich betreffen.

1

Als Mittelstufensprecher kennst du das umfangreiche Angebot an außerunterrichtlichen Aktivitäten an deiner Schule. Diese sollen von der Schulleitung wegen des dadurch verursachten Unterrichtsausfalls nun deutlich eingeschränkt werden. Schreibe den Beginn einer Rede für die nächste SMV-Sitzung. Berücksichtige dabei die Gliederung aus einer der vorangegangenen Übungen mit einem ähnlichen Thema.

„Führerschein mit 16. Erörtere die Vor- und Nachteile dieser neuen Regelung."

Hinweise

Um dieses Thema in einer ausgewogenen Erörterung zu bearbeiten, berücksichtige folgende Hinweise:

- Mache dir zunächst klar, um welchen Typ von Erörterung es sich handelt.
- Entscheide dann, ob du für oder gegen die neue Führerscheinregelung bist, da davon die Anordnung deiner Argumentation abhängt.
- Lege eine Stoffsammlung an und entwickle daraus deine Gliederung. Unterteile deine Erörterung in Einleitung, Hauptteil und Schluss und ziehe ein Fazit.

2 Textgebundene Erörterung

2.1 Aufbau des Aufsatzes

In Klasse 10 lernst du als Weiterentwicklung der **freien Erörterung** die Form der **textgebundenen Erörterung** kennen.
Die Texte, die dir bei der textgebundenen Erörterung vorgelegt werden, sind Sachtexte, die sich auf ein bestimmtes Thema beziehen, das nicht zu speziell ist. Solche Themen können aus den Bereichen Jugend, Kultur, Sport, Gesellschaftspolitik oder Medien kommen.
Wichtig ist auch hierbei, dass du den vorliegenden Text angemessen erfasst (wie ein Zitat bei der freien Erörterung). Daran schließt sich dann eine Erörterungsaufgabe an, bei der du grundsätzlich vorgehen kannst wie bei der freien Erörterung.
In diesem Kapitel geht es darum, die Texterschließung, also den ersten Teil des Aufsatzes, zu üben.

Eine textgebundene Erörterung gliedert sich in **drei Teile**.

In der **Einleitung**, dem ersten Teil, nennst du das **Thema** der Erörterung und stellst den **Bezug zum Text** her.

Der zweite Teil gilt der **Texterschließung**. Es wird zwischen **zwei Formen** unterschieden: Wenn von dir verlangt wird, den Text **vor allem inhaltlich** zu **erfassen**, muss das Hauptaugenmerk deiner Arbeit auf dem dann folgenden Erörterungsteil liegen. Wenn du den Text **intensiv analysieren**, also auch seine sprachlichen und rhetorischen Mittel untersuchen sollst, wird dies den größeren Teil deiner Arbeit ausmachen.

Im dritten Teil folgt die **Erörterung in engerem Sinn**, vergleichbar mit der freien Erörterung.
Dabei hast du häufig die Auswahl zwischen einer herkömmlichen, **klassischen Erörterungsfrage** und einer **anlassbezogenen Erörterung** (Brief, Rede, Zeitungsartikel usw.).

1

Handelt es sich bei den folgenden Arbeitsanweisungen zur Texterschließung um eine vornehmlich inhaltliche Erfassung oder sollst du eine intensive Analyse vornehmen?
Um die Frage zu beantworten, brauchst du die Texte nicht zu kennen; es geht hier nur darum, die Aufgabenstellung angemessen zu erfassen.

Aufgabenstellung	**inhaltlich erfassen**	**intensiv analysieren**
a) Gib den Gedankengang des Verfassers wieder.	☐	☐
b) Arbeite den Argumentationsgang des Verfassers heraus und untersuche die sprachlichen Mittel, die diesen stützen.	☐	☐
c) Erläutere, was im vorliegenden Text unter „Selbstverwirklichung" verstanden wird.	☐	☐
d) Arbeite aus dem Text heraus, welche Gedanken über die „Berichterstattung über Gewalt" der Verfasser entwickelt.	☐	☐
e) Arbeite die Intention des Verfassers heraus und zeige, wie er beim Leser Wirkung erzielen will.	☐	☐
f) Arbeite die zentralen Gedanken des Textes heraus und untersuche, wie der Verfasser diese darlegt.	☐	☐
d) Arbeite aus dem Text heraus, wie der Verfasser die Situation der heutigen Jugend sieht.	☐	☐

2.2 Die Einleitung

Der Einleitung kommt eine wichtige Funktion zu, weil du hier eine gemeinsame Basis für deine Leser und dich als Schreiber herstellst.

In der Einleitung stellst du das **Thema** der Erörterung dar und erläuterst es gegebenenfalls kurz. Positiv ist dabei, wenn du auch die **Bedeutsamkeit des Themas** (z. B. seine Aktualität) andeuten kannst.

In einem zweiten Schritt stellst du einen **klaren Textbezug** her, indem du diesen kennzeichnest (Textsorte, Autor, Titel, Thema) und die Thematik des Textes mit der Erörterungsfrage in Verbindung bringst.

Unser Jugendkult

Es gibt nichts Vergänglicheres als die Jugend. Sie verrauscht im Hui. Und je älter wir werden, desto kürzer wird sie – relativ gesehen. Die Anstrengungen, sich jung zu fühlen, sich jung zu geben und alle nur denkbaren Möglichkeiten zu nutzen, um die schleichende Vergreisung zu verbergen, nehmen infolgedessen gewaltig zu. Manche bleiben im Kopf jünger, manche nur in den Beinen. Jedenfalls tut jeder, was er kann, um nicht zum alten Eisen zu gehören.

Das war einmal anders. […] tatsächlich haben in der Menschheitsgeschichte nahezu ausschließlich die Alten, wenn nicht die Greise, den Ton angegeben. […]

Die ganze Herrschafts- und Sexualmoral dieser „Steinzeit" war auf Repression der Jungen durch die Alten aufgebaut. Vornehmlich mit Hilfe der Verbotsgewalt: das darfst du nicht, das tut man nicht, das sagt man nicht.

Etwas wissenschaftlicher formuliert, war diese Erziehungsmethode prohibitiv [verhindernd, abhaltend], auf Verhinderung, Vertagung, Verleugnung angelegt. Man sollte zwar nicht glauben, dass Verbote und Gebote immer befolgt worden seien, alles in allem jedoch haben die Unterdrückungsmechanismen – und um solche handelt es sich ja naturgemäß – ziemlich gut funktioniert. […]

Mittlerweile, wie gesagt, ist alles anders. Ob besser, einfacher, schwieriger, lässt sich auf Anhieb nicht entscheiden. Sicher ist nur eines: die Jugend hat Freiheiten wie nie zuvor. Nicht nur das. Die Leitfigur der Epoche, ja ihre Kultfigur ist der Jugendliche, der möglichst schon in den Windeln seinen Willen zu artikulieren lernt. Autorität, welcher Art auch immer, ist nicht mehr gefragt. Denn heutzutage verstehen sich die Jugendlichen als autonom,

befugt und befähigt, frei über sich selbst zu verfügen [...].
Dass die Erwachsenen Hilfsdienste aller Art bei der Gestaltung des ersten Lebensabschnittes leisten dürfen, versteht sich von selbst: Zu irgendetwas müssen sie schließlich nütze sein. Doch das Dirigat [wörtlich: Orchesterleitung], um nicht von Kommandogewalt zu sprechen, haben sie verloren. So bleibt ihnen allenfalls die Zahlungsberechtigung.
Wer diese Entwicklung beklagen wollte, wäre jedoch auf dem falschen Dampfer. Denn es kann ja schwerlich behauptet werden, dass die Jugend früher unter besseren, für ihre Entwicklung günstigeren Bedingungen herangewachsen sei. Man muss nur an die „Hitlerjugend" denken und daran, wozu sie verführt werden konnte, um sich diese Behauptung abzuschminken. Ohnehin ist es ein müßiges Unterfangen, Vergangenheit und Gegenwart gegeneinander auszuspielen. Die Veränderungen, mit denen wir es zu tun haben, sind nämlich nicht das Produkt gezielter Planung [...], sondern das Resultat struktureller Veränderungen, auf die der Einzelne keinen Einfluss besitzt.
Genau an diesem Punkt setzt aber die Frage an, ob denn die Jugend auf allen Ebenen nur gewonnen und nicht auch einiges verloren hat. Etwa ihre Unschuld, ihre Unbefangenheit, ihre Sorglosigkeit? Denn tatsächlich sind die Kids eher einem größeren Druck ausgesetzt als einst. Der Schulstress beispielsweise mit dem ständigen Karriererisiko im Nacken, die entnervende Erwartungshaltung der Eltern, die Konsumzwänge, die ständige Reizüberflutung, all das wird für viele zu einer schwer verkraftbaren psychologischen Belastung. [...]

Oskar Fehrenbach

1
Notiere dir Stichworte und lege eine Stoffsammlung an, um die Thematik des Textes zu erfassen.

2
Die Arbeitsanweisung zu einer Erörterung könnte lauten: „Überprüfe, inwiefern die heutige Jugend tatsächlich einem so großen Druck (Z. 44) ausgesetzt ist, und erörtere Strategien, wie mit diesem Druck umgegangen werden kann." Mache dir die beiden Teile der Aufgabe klar und notiere entsprechende Stichworte.

3
Formuliere auf der Grundlage deiner bisherigen Überlegungen (Aufgaben 1 und 2) eine Einleitung für eine textgebundene Erörterung.

2.3 Wiedergabe von Gedankengängen

Wenn du die gedanklichen Schritte eines Textes nachvollziehen und angemessen wiedergeben sollst, wird von dir verlangt, den Argumentationsgang bzw. die Argumentationsweise des Verfassers (Thesen, Argumente, Belege, Beispiele) darzustellen.

Achte darauf, bei der Wiedergabe des Gedankengangs **eigenständig zu formulieren** und Distanz zu wahren, jedoch auf jeden Fall einen **angemessenen Textbezug** herzustellen. Überprüfe auch, ob der Autor seine Argumente begründet oder ob er einige seiner Thesen unbegründet in den Raum stellt.
Die Distanz zum Text muss sich auch in deiner eigenen **sprachlichen Darstellung** niederschlagen: Sofern du nicht wörtlich zitierst, muss die Wiedergabe von Gedanken des Verfassers im **Konjunktiv I** oder mit **entsprechenden Wendungen** („nach Ansicht des Verfassers …", „laut …", „wie der Verfasser ausführt …" usw.) formuliert werden. Damit zeigst du, dass du dich eines Urteils über die Richtigkeit oder Nachvollziehbarkeit seiner Gedanken enthältst. In diesem Teil deines Aufsatzes ist deine **eigene Meinung** (noch) **nicht gefragt**.

1
Unterteile Fehrenbachs Artikel „Unser Jugendkult" in Sinnabschnitte (Zeilenangaben) und gib ihnen jeweils eine Überschrift.

2
Gib aus Fehrenbachs Artikel ein Beispiel für eine nicht begründete These und ein Beispiel für eine begründete These an.

3
Gib Fehrenbachs ersten Abschnitt möglichst eng am Text wieder. Gebrauche dabei sowohl Wendungen, die den Autor mit einbeziehen, wie auch den Konjunktiv I (Konjunktiv II als Ersatzform).

2.4 Texterschließung über zentrale Begriffe

Manche Texte kannst du besonders gut über zentrale Begriffe oder so genannte Schlüsselwörter erschließen.
Manchmal werden die zentralen Begriffe bereits in der Aufgabenstellung angedeutet, zumeist wirst du solche Begriffe allerdings durch intensives Textstudium selbst ermitteln müssen.

Wenn du die zentralen Begriffe des Textes ermittelt hast, mache dir klar, wie sie vom Verfasser verwendet werden, welche **Definition** er also zugrunde legt.

In einem zweiten Schritt überlegst du dir, **wie diese Begriffe miteinander zusammenhängen**. Dies führt dich in den meisten Fällen zu den zentralen Aussagen des Textes.

1

Überlege dir, wie Fehrenbach in seinem Zeitungsartikel die Begriffe Jugend, Freiheit, Autonomie (bzw. autonom), Autorität und Druck zueinander in Beziehung setzt.
Stelle die Zusammenhänge in einer Skizze dar. Du kannst dazu auch weitere Begriffe aus dem Text heranziehen.

Engagement
(Auszug)

[…]
Charakter? Entweder man ist für die Fahne oder man ist gegen die Fahne, und wenn man dafür ist, legt man auch Wert darauf, sie zu tragen.
Ich weiß nicht weshalb, aber ich möchte eigentlich auch Charakter haben – auf die Gefahr hin, dass Charakter bedeutet, eine ganze Welt auf eine Fahne zu reduzieren.
Nun, ich schaff' es ganz einfach nicht. Das ist mir aufgefallen, als ich kürzlich im Vereinsblatt der Kanarienzüchter einen Nachruf auf einen Menschen las, der sein Leben in den Dienst der Kanarien gestellt hat, vierzig Jahre lang Punktrichter war […].

Es ist schwer, dies ohne Spott mitzuteilen. Ich gebe zu, es gelingt mir nicht, aber ich bemühe mich darum.
Ein Leben, reduziert auf die Bedürfnisse des Kanarienzüchtervereins [...].
Ein sinnloses Leben für den, der dem keinen Sinn abringen kann.
Es gibt sogar eine lateinische Bezeichnung für Leute, die Streichholzbriefchen sammeln, und gestern hat mir einer erzählt, dass er dem Eisenbahnamateurclub die Sache hingeschmissen und am selben Abend den Austritt erklärt habe. Ich habe ihn lange befragt – denn es interessierte mich –, aber ich konnte die Gründe für dieses Tun nicht ausfindig machen. [...]
Angenommen, ich müsste einem Brasilianer das Problem der jurassischen Separatisten [Unabhängigkeitsbewegung von Bewohnern des Schweizer Jura] erklären. Was mir mit Bestimmtheit nicht gelingen würde, wäre, begreiflich zu machen, dass das Problem nicht unwesentlich sei.
Probleme sind nicht vergleichbar. Die Fristenlösung [in Bezug auf die Abtreibung] hat nicht Priorität vor der Frage der Atom[kraft]werke, und die Einführung der Arbeitslosenversicherung ist nicht vergleichbar mit der Gegnerschaft der Batteriehaltung von Hühnern. Und vor dem Ganzen erscheint das Einzelne immer als lächerlich. [...]
Das Heil der Welt, das ist sicher, liegt nicht in der Befreiung des Juras und nicht in der Fristenlösung und nicht in der Bodenhaltung von Hühnern, nicht in einem gerechteren Wettkampfreglement für Kanarien, aber es besteht kein Anlass, darüber zu lachen, weil es vor dem Ganzen unwesentlich erscheint. Und vielleicht ist wirklich ein Leben im Dienste der Kanarien ein Leben.
[...]

Peter Bichsel (*1935)

2

Welches Verständnis des Begriffes „Charakter“ (Z. 1, 4) legt Bichsel seinem Text zugrunde?

3

Ermittle die zentralen Begriffe des Textes und veranschauliche ihre Zusammenhänge in einem kleinen Schaubild.

2.5 Sprachlich-rhetorische Mittel

Wenn du einen Sachtext verstehen willst, solltest du einschätzen können, welche Zielsetzung der Verfasser mit diesem verfolgt, d.h., welche Intention (Aussageabsicht) er hat.
Grundlage einer textgebundenen Erörterung ist zumeist ein Text, der Informationen mit Bewertungen verbindet oder der eine Meinung zu einer Fragestellung entwickelt. Dementsprechend wird der Verfasser versuchen, seine Zielsetzung inhaltlich und sprachlich überzeugend zu verfolgen. Dazu kann der Verfasser verschiedene sprachliche bzw. rhetorische Mittel einsetzen – um seine Argumentation zu unterstützen, seinen Thesen Nachdruck zu verleihen oder seinen Appell zum Ausdruck zu bringen.

Bei der sprachlichen Analyse eines Textes versuchst du festzustellen, welche **sprachlichen Mittel** der Verfasser einsetzt, um **Wirkung** zu erzielen und welche **Funktion** seine sprachliche Gestaltung hat.
Dies kannst du **bei einzelnen Formulierungen** feststellen, indem du an bestimmten Stellen des Textes sprachliche Auffälligkeiten entdeckst, die im konkreten Zusammenhang eine Funktion haben. Diese Auffälligkeiten könnten sein:

- besondere Wortwahl (Schlüsselwörter; Schlagwörter; Neologismen – Füllwörter wie „natürlich", die oft Begründungen unnötig erscheinen lassen, etc.)
- rhetorische Fragen
- Wiederholungen (von Wendungen, Sätzen)
- stilistische Besonderheiten (z.B. Wechsel der Stilebene)
- auffälliger Satzbau (Hypotaxe – Parataxe – unvollständige Sätze)
- gezielte Verwendung von Satzzeichen.

Untersuchen solltest du ebenfalls, wie die Sprache bzw. der Stil den **Charakter des gesamten Textes oder von längeren Textabschnitten** prägt. So kann der Verfasser eines eher einseitig-überspitzt abgefassten Textes mit Ironie und Polemik arbeiten, während ein mehr nüchtern abwägender Text von einer sachlichen Sprache gekennzeichnet ist. Hat der Text eine appellierende Funktion, könnte der Verfasser ihn mit rhetorischen Fragen, Ausrufen, Wiederholungen oder einprägsamen Aussagen durchsetzen.

Nicht ganz trennen kannst du die sprachliche Analyse von der Untersuchung der **Argumentationsweise**. Denn der Charakter eines Textes wird ja wesentlich auch von dieser geprägt: Argumentiert der Verfasser sauber, beruft er sich vielleicht sogar auf anerkannte Autoritäten (z. B. mit Zitaten)? Reiht der Verfasser nur These an These, ohne zu argumentieren? Wird eine saubere Argumentation durch eindrückliche, effektvolle Beispiele „ersetzt"?

Fröhlichkeit kommt nicht aus Flaschen

Es gibt Jugendliche, die werden als Raucher geboren. Sie gehen sozusagen als geräucherter Säugling an den Start: Das Babybett steht im Elternschlafzimmer, und dort wird nach Herzenslust und sonstiger Lust eben geraucht. Später durchziehen dicke Tabakschwaden die Drei-Zimmer-Neubauwohnung, und der Versuch wird hoffnungslos, das Kinderzimmer gasdicht abzuschirmen. Schließlich bietet der Vater von sich aus eines Tages die erste Zigarette an: „Wo du doch jetzt ein Mann bist – na, einmal darfste!" Das ist so mit 14. An der Schule zählt man in diesem Alter bereits zur nichtrauchenden Minderheit. Später, mit 16, wird man Außenseiter. Wenn das erste Mädchen sagt: „Gib mir mal eine …" und man hat keine – da kann man schon zum Raucher werden.

Nicht anders ist es mit dem Trinken. Früh merkt man, dass die Fröhlichkeit erst aus der Flasche kommt. Wenn zu Hause mal richtig was los ist, dann wird hart gebechert, und wieder heißt es eines Tages: „Gebt dem Jungen auch mal einen, der wird ja jetzt erwachsen!" Und alle gucken andächtig, wie man das erste Glas leert, so als ob afrikanische Stammesriten vollzogen werden. In der Schule wird der Kiosk hinterm Schulhof bald zum Treffpunkt aller, die in Cliquen mitzureden haben. Weil der Kiosk an die Schule stößt, haben sie ihm zwar die Auslage pornographischer Zeitschriften verboten, aber Bier gibt's kastenweise. Auch für die, denen man keines verkaufen darf, weil die Älteren für die Jüngeren kaufen.

Gäbe es ein bisschen mehr echte Kameradschaft unter jungen Leuten, fiele es denen, die da nicht mitmachen, wesentlich leichter. Denn mancher Einstieg in das Kettenrauchen oder den Frühalkoholismus geschieht so harmlos wie hier beschrieben. Von zehn Fünfzehnjährigen, die sich eine Zigarette ins Gesicht stecken und den Flachmann kreisen lassen, haben keine fünf einen echten Spaß daran. Aber sie glauben mitmachen zu müssen, weil die anderen das auch tun. Eine jetzt in Bonn veröffentlichte kanadische Studie besagt eindeutig: „Das Trinkverhalten Jugendlicher wird vom Freundeskreis geprägt." Frage: Sind das wirkliche Freunde, die da prägen helfen? Oder sollte nicht jeder den anderen tun lassen, was er wirklich will?

Stefan Grau, 1979

1

Notiere dir Stichworte zu den folgenden drei Fragen.

a) Worum geht es in diesem Zeitungsartikel?

b) Wen will der Verfasser wohl ansprechen?

c) Welche Intention verfolgt er mit seinem Text?

2

Mache dir den Aufbau des Textes klar, indem du jedem Abschnitt eine eigene Überschrift gibst.

3

Charakterisiere den Stil des Textes und notiere dir entsprechende Belegstellen. Hinweis: Denke daran, dass ein Text nicht durchgängig im selben Stil geschrieben sein muss.

4

Wähle aus jedem Abschnitt ein besonderes sprachliches Darstellungsmittel aus und erläutere seine Funktion, seine beabsichtigte Wirkung.

2.6 Erörterungsaufgaben

Im Anschluss an die Texterschließung kannst du im dritten Teil deines Aufsatzes unter Umständen zwischen zwei Arten von Erörterungsaufgaben wählen: der herkömmlichen, klassischen Erörterung und einer anlassbezogenen Erörterung.

Schreibst du eine **klassische Erörterung**, ist es wichtig, dass du dir bei der textgebundenen Erörterung klarmachst, ob der Text nur Ausgangspunkt für die Erörterungsfrage ist oder ob du dich bei deiner Erörterung inhaltlich mit ihm auseinander setzen sollst.

Die **anlassbezogene Erörterung** stellt dich vor eine Situation, in der du mit einem eigenen Text auf den vorliegenden reagieren sollst. Typische Formen sind dafür ein Brief oder Leserbrief, ein Artikel (z. B. für die Schülerzeitung) oder ein schriftlicher Entwurf für eine Rede (z. B. ein Statement für eine Podiumsdiskussion an der Schule).
Du musst hier also nicht nur eine eigenständige Argumentation entwickeln, sondern sie auch **dem Anlass entsprechend sprachlich gestalten**: z. B. bei einem Leserbrief den Bezug zum entsprechenden Zeitungsartikel herstellen; bei einem Brief den Adressatenbezug berücksichtigen; beim Entwurf für eine Rede daran denken, dass die Aufmerksamkeit der Zuhörer geweckt bzw. erhalten wird.

1

Für die Erörterung des Textes „Fröhlichkeit kommt nicht aus Flaschen" von Stefan Grau werden dir die Arbeitsanweisungen a) – d) gestellt. Beurteile jeweils, ob sie eher Anlass für eine relativ eigenständige Erörterung sind oder ob sie von dir eine Auseinandersetzung mit der Position des Verfassers verlangen:

Aufgabenstellung	**eigenständige Erörterung**	**inhaltliche Auseinandersetzung**
a) Hat der Verfasser deiner Ansicht nach die Ursachen des von ihm dargestellten Problems richtig gesehen?	☐	☐
b) Wie beurteilst du die im letzten Satz des Textes angedeutete Lösungsmöglichkeit? Erörtere andere Lösungsmöglichkeiten für das im Text angesprochene Problem.	☐	☐
c) Stellt Stefan Grau den Zugang zu so genannten Alltagsdrogen zutreffend dar? Überprüfe seine Aussagen, indem du auch eigene Erfahrungen heranziehst.	☐	☐
d) Grau benennt den Gruppenzwang, das Bedürfnis, zu „Cliquen" (Z. 18) zu gehören, als zentrales Problem. Stelle Erscheinungsformen des Gruppenzwangs dar und erörtere Möglichkeiten, mit diesem umzugehen.	☐	☐

2

Folgende Aufgabenstellung verlangt von dir eine anlassbezogene Erörterung:

Du hast Stefan Graus Artikel in einer Zeitung gelesen. Da du die von ihm angesprochene Problematik für wichtig hältst, reagierst du mit einem Leserbrief auf seine Darstellung.

Verfasse den Leserbrief.

Langeweile wuchert mehr denn je
(Auszug)

Langeweile bedroht jeden. Langeweile ist menschlich. Wenn die Affen es dahin bringen könnten, Langeweile zu haben, sagte Goethe, so könnten sie Menschen werden. Langeweile ist die andere, die düstere Seite, die immer von unten droht; unaufhörlich will sie aufkommen. Sinnvolle Arbeit und wirkliche Muße machen Langeweile ohnmächtig. Damit könnte das Thema erledigt sein.
Ist es aber nicht. Denn Langeweile ist (vor allem in ihren Folgen) eine der auffälligsten und wirksamsten Erscheinungen unserer Tage. Machtvoll quillt sie auf, und dies in einer Zeit, die überquillt von bunten Bildern und Tönen, Freizeitangeboten für jeden; ganze Industrien bieten Ablenkungen, Unterhaltung aller Art, Zeitfüllendes; ausgeklügelte Spielapparate, ein riesiger Hobbymarkt, eine nie da gewesene Buchproduktion, Reisen, Bildungs- und Weiterbildungsmöglichkeiten, die sogar noch die exotischsten Wünsche erfüllen. Alles ist zu haben, für die Freizeit wird auch immer mehr Geld ausgegeben, und alles müsste die Langeweile geradezu totschlagen. Doch es ist umgekehrt.
Langeweile ist mächtig da wie selten zuvor, allenfalls von käuflicher „Erfüllung", von den Techniken und Produkten zur Verplombung leerer Zeit ein wenig überglitzert. Nach einer Umfrage klagen mehr als ein Drittel der Bürger und damit mehr Bürger als je zuvor über Langeweile. Die wachsende freie Zeit verschärft das Problem. Denn die Fähigkeit, Zeit selbstständig sinnvoll zu nutzen, scheint bei vielen kaum entwickelt zu sein. Zugleich sehnen sich die Menschen nach immer mehr Freizeit – auch deshalb, weil die Arbeit selbst oft weniger interessant ist oder zufriedenstellend wirkt. Jeder zweite Jugendliche (so jedenfalls die Antwort bei einer Befragung) nähme für mehr Freizeit sogar ein geringeres Einkommen in Kauf – und viele wissen dann nicht, was sie mit ihr anfangen sollen. Es ist wie mit dem Wochenende: Am schönsten ist der Freitagabend, die Vorfreude. Man will zwar etwas unternehmen, kann sich aber nicht dazu aufraffen. Drang und Hemmung wirken zusammen – quälende Langeweile. Man übernimmt – weitgehend passiv – zwar oft die angebotenen Zeitfüllungen aus der Unterhaltungsproduktion. Doch die erzeugten „Befriedigungen" halten nur kurz, die produzierten Gefühle erschöpfen sich rasch, und öde Langeweile tritt um so schärfer hervor, man bleibt leer zurück. Die erdrückende Versorgung mit Unterhaltung, einerseits eine Antwort auf die Unfähigkeit, Zeit zu gestalten, verstärkt und erzeugt andererseits die Armut an

Phantasie und schöpferischer Initiative. Aufmerksamkeit, die sich schon in den alltäglichen Dingen der Welt Spannendes erschließen kann, kann sich nicht ausbilden, oder sie verkümmert.

Michael Fritzen, 1982

1

a) Arbeite aus dem Text die Gedanken des Verfassers zum Phänomen der Langeweile heraus und analysiere, wie er diese darlegt.

b) Setze dich mit den Ausführungen des Verfassers auseinander und entwickle eigene Gedanken zu möglichen Ursachen und Folgen von Langeweile. Beziehe dabei auch Erfahrungen aus deinen eigenen Lebensbereichen mit ein.

2

a) Wie Test 1 a)

b) Die Lektüre des Textes von Michael Fritzen hat dich angeregt, selbst über das Phänomen Langeweile nachzudenken, weil du einige der angesprochenen Aspekte in ähnlicher Weise auch in deinem Umfeld (Schule, Freundeskreis, Familie) wahrnimmst. Du möchtest aber nicht bei der Beschreibung des Phänomens stehen bleiben, sondern über Lösungsmöglichkeiten nachdenken. Verfasse einen Artikel für die Schülerzeitung, in dem du deine Gedanken darlegst und die Leser ebenfalls zum Nachdenken anregst.

Hinweise

- Dein Aufsatz sollte aus einer Einleitung, der Texterschließung und einem Erörterungsteil bestehen.
- Die Aufgabenstellung in Test 1 a) verlangt bei der Texterschließung auch eine Analyse der Mittel der Darstellung. Dementsprechend sollte dies den größeren Teil deines Aufsatzes ausmachen.
- Beim Erörterungsteil hast du die Wahl zwischen der klassischen Variante (Test 1) und einer anlassbezogenen Erörterung (Test 2). Bei einer Klassenarbeit würdest du dich für eine der beiden Varianten entscheiden; zu Übungszwecken probiere beide Varianten aus.

2.7 Checkliste: Erörterung

Die freie Erörterung

Vorarbeiten

1. Du hast die Aufgabenstellung genau durchgelesen und erfasst, um welchen Typ von Erörterung (linear oder dialektisch; analytisch oder anlassbezogen) es sich handelt. ☐

2. Du hast eine ungeordnete Stoffsammlung angefertigt. ☐

3. Du hast eine angemessene Struktur (z. B. durch eine Mindmap) vorbereitet. Dabei hast du darauf geachtet, dass jede These durch mindestens ein Argument untermauert und möglichst durch aussagekräftige Beispiele belegt ist. ☐

4. Die daraus entstandene Gliederung ist steigernd angelegt, sodass die wichtigsten Aspekte am Schluss stehen. ☐

5. Falls du eine dialektische Erörterung schreiben sollst, hast du dich für ein durchgängiges Ordnungsprinzip entschieden.
   Du hast:
   a) in der ersten Hälfte alle Thesen aufgeführt, um sie im zweiten Teil durch Gegenthesen zu entkräften, oder
   b) du hast aspektbezogen Thesen und Gegenthesen im Zusammenhang dargestellt.
   Du hast darauf geachtet, dass deine eigene Position immer der Meinung, die du entkräften möchtest, folgt. ☐

6. Bei der anlassbezogenen Erörterung ist dir klar geworden, für welchen Adressaten du schreibst. ☐

Schreiben

1. Du hast eine Einleitung verfasst, die den Leser durch ein Beispiel, eine allgemeingültige Behauptung oder eine rhetorische Frage in das Thema und dein Vorhaben einführt. ☐

2. Innerhalb des Hauptteils hast du die verschiedenen Aspekte deiner Argumentation durch Absätze voneinander getrennt. ☐
3. Du hast den Text in einem sachlichen Ton im Präsens verfasst. Dein Satzbau ist abwechslungsreich. Treffende Verben und Adjektive präzisieren deine Argumentation. ☐
4. Deine Schlussfolgerung fasst die Argumentation noch einmal knapp zusammen und klärt deine eigene Position. ☐

Die textgebundene Erörterung

Vorarbeiten

1. Du hast den Text aufmerksam gelesen und in einem ersten Ansatz die Thematik sowie seine Hauptaussage(n) formuliert. ☐
2. Du hast dir klargemacht, was die erste Arbeitsanweisung zur Texterschließung von dir verlangt und hast den Text dementsprechend (durch eine Gliederung, das Unterstreichen zentraler Begriffe etc.) bearbeitet. ☐
3. Für die Textanalyse hast du dir eine sinnvolle Gliederung überlegt. ☐
4. Deine Einleitung nennt das Thema der Erörterung und stellt den Bezug zum Text her. Eventuell hast du bereits auf die Erörterung im zweiten Teil deiner Arbeit verwiesen. ☐

Texterschließung

1. Du hast den Gedankengang des Textes in eigenständigen Formulierungen, aber mit klarem Textbezug (Zitate etc.) wiedergegeben und dabei sprachlich Distanz (z. B. durch die Verwendung des Konjunktiv I) gewahrt. ☐
2. Dieser Teil deiner Arbeit enthält sich jeglicher Wertung; deine eigene Meinung ist hier noch nicht gefragt. ☐

Vorarbeiten II

1. Du hast dir klargemacht, was die zweite Arbeitsanweisung (Erörterungsaufgabe) von dir verlangt. ☐
2. Die Argumente für deine Erörterung hast du nach übergeordneten Aspekten gruppiert und sinnvoll gegliedert. ☐

Schreiben

1. Du hast bei der klassischen Erörterung auf eine saubere Argumentation (These – Argument – Beleg/Beispiel) geachtet und sachlich formuliert. ☐
2. Bei einer anlassbezogenen Erörterung hast du den Kontext und die Adressaten berücksichtigt und dem Anlass entsprechend formuliert. ☐
3. In beiden Fällen kommt deine Position klar zum Ausdruck und deine Argumentation ist abgerundet, hat also einen erkennbaren Schluss. ☐

Analytische Interpretation literarischer Texte

Start

Du kannst mit diesem Rätsel (Umlaute nicht mit e auflösen) überprüfen, wie gut du dich mit Fachbegriffen für die Analyse literarischer Texte bereits auskennst.
Das Lösungswort gibt an, worum es bei einer angemessenen Textuntersuchung immer gehen sollte.

1 Darstellung der Wesensmerkmale einer Person

2 Aussageabsicht

3 Regelmäßiger Wechsel von betonten und unbetonten Silben in der Verssprache

4 Zeilensprung (Verssprache)

5 gleichnishafte Erzählung

6 reine Umschreibung bzw. Wiedergabe eines Textes (ohne Deutung)

7 Grundtempus der Inhaltsangabe

8 in aller Regel nicht mit dem lyrischen Ich gleichzusetzen

9 vierstrophiges Gedicht mit zwei Quartetten und zwei Terzetten

10 wörtliche Wiedergabe einer Textstelle

11 neben Titel, Autor/Dichter, Thema in der Einleitung eines Interpretationsaufsatzes anzugeben

12 sozusagen allwissende Erzählhaltung

13 Theaterszene mit nur einer auftretenden und sprechenden Person

14 Klassisches Drama: Einheit von Ort, Zeit und … (Aristoteles)

Aufbau eines Interpretationsaufsatzes

„Das kann doch jeder interpretieren, wie er/sie will." – Das hast du bestimmt auch schon gehört oder dir selbst gedacht. Und in gewisser Weise stimmt das ja auch: Die Interpretation eines literarischen Textes hat immer subjektive, individuelle Komponenten; so geht es uns auch, wenn wir ein Bild, einen naturwissenschaftlichen Versuch, eine Situation oder das Verhalten eines Mitmenschen wahrnehmen, beobachten und deuten.
Wir haben also einen gewissen „Interpretationsspielraum", der jedoch auch begrenzt ist, wir sind also beim Interpretieren nicht vollkommen frei. Wichtig bei einer Interpretation ist es, dass auch andere deine Deutung nachvollziehen können. Aussagen wie „Ich sehe das eben so!" werden diesem Anspruch nicht gerecht. Wenn du einen Text interpretierst, versuchst du, dein Verständnis eines Textes so zu entwickeln und darzustellen, dass andere erkennen können, wie es zu diesem Verständnis kommt und deine Deutung überzeugend wirkt.

Das Schema, nach dem dein Interpretationsaufsatz aufgebaut werden sollte, gilt für alle Textsorten (Gedichte, Kurzgeschichten, Textstellen, Ganzschriften). Grundsätzlich gliedert sich dein Aufsatz in drei Teile:

Einleitung

- Hier kennzeichnest du den Text, indem du **T**itel, **A**utor, **T**extsorte (Gedicht, Kurzgeschichte, Roman, Theaterstück etc.) und **T**hema benennst (so genannte **TATT-Formel**).
- Dabei bemühst du dich darum, das **Thema nicht zu allgemein** zu fassen. So ist es z. B. in den meisten Fällen sinnvoll, ein Liebesgedicht nicht nur als solches zu charakterisieren, sondern eine speziellere Thematik anzugeben (etwa Trennungsschmerz, Sehnsucht usw.). Dies ist insbesondere bei der Textstelleninterpretation aus einer Ganzschrift (Roman, Novelle, Drama etc.) wichtig, da du hier sowohl die Thematik der Ganzschrift wie auch die spezielle Thematik der zu bearbeitenden Textstelle erfassen musst.
  Insgesamt sollte deine Einleitung für eine **gemeinsame Basis von Schreiber und Leser** sorgen: Deine Leser sollten wissen, auf welcher Grundlage du die Interpretationsaufgabe angegangen bist.

Hauptteil

- Dieser Teil ist, wie schon der Name sagt, der umfänglichste und **wichtigste Teil deines Aufsatzes**; in ihm stellst du deinen Analyse- und Interpretationsprozess dar. Wichtig ist neben dem bereits erwähnten **klaren Textbezug** ein **sinnvoller, angemessener Aufbau** innerhalb dieses Teils. Das kann geschehen, indem du den zu untersuchenden Text in plausible Abschnitte unterteilst oder indem du deine Überlegungen nach Untersuchungsaspekten gliederst (inhaltlich, sprachlich etc.). Du solltest immer darauf achten, die eigentliche Aufgabe, die Deutung des gesamten vorliegenden Textes, nicht aus dem Auge zu verlieren; beachte dabei auch die Akzentsetzungen, die sich aus der Aufgabenformulierung ergeben.
- Bewahre stets den **Überblick** – etwa indem du Zwischenergebnisse formulierst. Genauso solltest du mögliche **Verknüpfungen einzelner Aspekte** im Blick behalten: Sprachliche, formale und inhaltliche Beobachtungen kannst du in der Regel aufeinander beziehen, sodass tatsächlich Deutungsansätze entstehen. Bei einem Interpretationsaufsatz zu einer Textstelle solltest du diese vor dem Hauptteil in den Zusammenhang der Ganzschrift einzuordnen.

Schluss

- Der Schlussteil eines Interpretationsaufsatzes hat die Funktion, diesen abzurunden, indem die **Ergebnisse zusammengefasst** werden. Du kannst eventuell auf die Einleitung Bezug nehmen – etwa auf dort formulierte Leseeindrücke, erste Deutungshypothesen etc.
- Möchtest du eine **Bewertung** des zu untersuchenden Textes vornehmen, hat sie hier Platz (nicht im Hauptteil!). Bei manchen Aufgabenstellungen zu Interpretationsaufsätzen werden für den Schlussteil besondere **Vertiefungen bzw. Ausweitungen** der bisherigen Ergebnisse erwartet; dies gilt insbesondere für Textstelleninterpretationen aus Ganzschriften.

3 Gedichte interpretieren

3.1 Inhalt und Thematik

Wenn du ein Gedicht vorliegen hast, das du interpretieren sollst, kannst du ruhig von deinen ersten Eindrücken ausgehen. Allerdings wird dir manches Gedicht zunächst vielleicht nicht so viel sagen, dann lohnt es sich, durch mehrmaliges Lesen erste Entdeckungen zu machen. Bedenke, dass Gedichte recht kurze und damit oft knapp formulierte Texte mit einer besonderen Form sind. Ihre Sprache weicht zudem von der alltäglichen meist stark ab.
Deine ersten Eindrücke oder Schwierigkeiten sollten dich auf keinen Fall davon abbringen, das Gedicht genauer zu untersuchen. Denn nur auf der Grundlage einer solchen Analyse kannst du Schwierigkeiten überwinden und belegbare Deutungsansätze entwickeln.
Den Ausgangspunkt für deine Analyse sollte eine inhaltliche Erfassung des Gedichts bilden. Weitere Aspekte der Untersuchung kannst du dann mit dem Inhalt in Beziehung setzen. In dieser Weise sind auch die Aufgaben in diesem Kapitel angeordnet.

Achte bei der Untersuchung des Inhalts unter anderem auf die **dargestellte Situation**, die **Befindlichkeit** des lyrischen Ich bzw. Du oder anderer Personen, auf Hinweise zu **Raum und Zeit**.

Die genauere Betrachtung des Inhalts versetzt dich in die Lage, das **Thema des Gedichts** zu erfassen und auszuformulieren. Bleibe dabei **nicht zu allgemein**, sprich also nicht nur von Liebes-, Kriegs-, Naturgedichten etc.

1
Charakterisiere die Sprechsituation, die dem Gedicht „Schlaflied für die Sehnsucht" zugrunde liegt.

2

Worum geht es in diesem Gedicht? Benenne die inhaltlichen bzw. thematischen Aspekte der einzelnen Strophen.

Schlaflied für die Sehnsucht

O lege, Geliebter,
den Kopf in die Hände
und höre, ich sing' dir ein Lied.
Ich sing' dir von Weh und von Tod und vom Ende,
ich sing' dir vom Glücke, das schied.

Komm, schließe die Augen,
ich will dich dann wiegen,
wir träumen dann beide vom Glück.
Wir träumen dann beide die goldensten Lügen,
wir träumen uns weit, weit zurück.

Und sieh nur, Geliebter,
im Traume da kehren
wieder die Tage voll Licht.
Vergessen die Stunden, die wehen und leeren
von Trauer und Leid und Verzicht.

Doch dann – das Erwachen,
Geliebter, ist Grauen –
ach, alles ist leerer als je –
Oh, könnten die Träume mein Glück wieder bauen,
verjagen mein wild-heißes Weh!

Selma Meerbaum-Eisinger (1924–1942)

3

In den Versen 4 und 15 liegt jeweils ein Polysyndeton vor, d.h. alle Teile der Aufzählung sind durch eine Konjunktion, nicht durch Kommas verbunden – hier die Konjunktion „und". Wie könntest du dieses Stilmittel in Verbindung mit dem Inhalt der beiden Verse deuten?

4

Selma Meerbaum-Eisinger hat dieses Gedicht 1941 als 17-Jährige in einem Konzentrationslager geschrieben. Überlege dir, inwiefern diese Information zur Biographie der Dichterin für deine Deutung hilfreich sein kann.

3.2 Der formale Aufbau

Der formale und der inhaltliche Aufbau eines Gedichts können miteinander harmonieren, d. h. die Strophen- und Verseinteilung stimmt mit den inhaltlich-gedanklichen Schritten überein. Formaler und inhaltlicher Aufbau können jedoch auch Spannungen aufweisen, indem Vers- und Strophengrenzen bewusst inhaltlich-gedanklich Zusammengehörendes trennen.

Achte darauf, ob ein Gedicht **Wiederholungen bzw. Entsprechungen** aufweist.

- Dies kann eine **Anapher** sein, also eine Wiederholung von Wortgruppen in aufeinander folgenden Satz-, Vers- oder Strophenanfängen;
- es kann einen **Refrain** geben, also eine wiederkehrende Versgruppe;
- es kann ein **Rahmen** vorliegen, bei dem z. B. die erste und letzte Zeile oder Strophe eines Gedichts starke Parallelen zeigen oder sogar gleich lauten;
- manche Gedichte haben einen **symmetrischen Aufbau** – dann sind Entsprechungen spiegelbildlich um einen zentralen Vers oder eine zentrale Strophe herum angeordnet;
- in manchen Gedichten findest du Zeilensprünge, so genannte **Enjambements** – im Gegensatz zum **Zeilenstil**.

Beachte, dass es auch **spezielle Strophen- bzw. Gedichtformen** gibt. Eine in bestimmten Epochen recht häufig auftretende Gedichtform ist z. B. das **Sonett**, das aus zwei Quartetten und zwei Terzetten besteht (gereimte Vier- bzw. Dreizeiler).

Auf der Schwelle des Hauses

In den Dünen sitzen. Nichts sehen
Als Sonne. Nichts fühlen als
Wärme. Nichts hören
Als Brandung. Zwischen zwei
Herzschlägen glauben: Nun
Ist Frieden.

Günter Kunert (*1929)

1

Welche Besonderheiten der Verseinteilung fallen dir auf?

2

Wie könnte man das Enjambement der Versgrenze 5/6 deuten?

Paul

Neunzehnhundertsiebzehn
an einem Tag unter Null geboren,

rannte er wild über einen Spielplatz,
fiel, und rannte weiter,

den Ball werfend über den Schulhof,
fiel, und rannte weiter,

das Gewehr im Arm über das Übungsgelände,
fiel, und rannte weiter,

an einem Tag unter Null
in ein russisches Sperrfeuer

und fiel.

Rainer Brambach (1917–1983)

3

Markiere die Wiederholungen in diesem Gedicht unterschiedlich farbig, indem du gleichen Wiederholungen jeweils dieselbe Farbe zuordnest.

4

Versuche die Wiederholungen bzw. deren Variationen zu deuten; formuliere deine Überlegungen in einem zusammenhängenden Text.

5

Setze die Hinweise auf den zeitlichen Ablauf in Beziehung zum formalen Aufbau des Gedichts; dazu bietet sich eine zweispaltige Tabelle an. Entwickle daraus einen Interpretationsansatz für das Gedicht.

3.3 Die Sprache

Dem sprachlichen Charakter eines Gedichts solltest du eine besondere Bedeutung beimessen, da sich die Gedichtsprache in der Regel durch Knappheit und große Unterschiede zur Alltagssprache auszeichnet.

Bei manchen Gedichten kannst du **Besonderheiten im Satzbau** feststellen, z. B. das Fehlen bestimmter Satzglieder oder Inversionen (Veränderungen der üblichen Satzstellung).

Die **Wortwahl** in einem Gedicht kann für dich aufschlussreich sein: Wortfelder, Wortfamilien, zentrale Begriffe, Wiederholungen von Wörtern bzw. Wortgruppen, Auffälligkeiten beim Gebrauch bestimmter Wortarten.

Bei Gedichten solltest du ganz besonders auf die **Bildhaftigkeit** der Sprache achten, also auf Vergleiche, Metaphern, Symbole.
Häufig findest du auch besondere **Stilfiguren**, beispielsweise:

- die **Personifikation**,
- den **Chiasmus** (Überkreuzstellung von Entsprechungen, z. B.: „Erinnere (1) dich (2)! / Du (2) musst dich erinnern (1)!")
- den **Parallelismus** (Aufeinanderfolge von Sätzen oder Satzteilen mit gleichem Inhalt oder gleicher Form)
- das **Oxymoron** (Zusammenfassung zweier sich eigentlich ausschließender Begriffe, z. B. „Leidensfreude", „glühendes Eis").

Auch **schriftsprachliche Mittel** wie Satzzeichen, Hervorhebungen, Groß- und Kleinschreibung können dir Hinweise geben.

Schließlich liegt gerade bei Gedichten immer wieder ein **freier bzw. schöpferischer Umgang mit Sprache** vor. Beispiele dafür sind

- der **Neologismus** (Wortneuschöpfung),
- die **Ellipse** (Auslassung von Satzgliedern bzw. Satzteilen).

1

Welche Besonderheit weist der Satzbau des Gedichts „Auf der Schwelle des Hauses“ von Günter Kunert auf?

2

Wie könnte diese Besonderheit gedeutet werden? Überlege, wie die Einfügung eines lyrischen Ich oder Du das Gedicht verändern würden.

Der Rauch

Das kleine Haus unter Bäumen am See.
Vom Dach steigt Rauch.
Fehlte er
Wie trostlos dann wären
Haus, Bäume und See.

Bertolt Brecht (1898–1956)

3

Wenn du die Verseinteilung des Gedichts „Der Rauch“ unter die Lupe nimmst, kann dir Folgendes auffallen:

- Die beiden ersten Verse umfassen im Zeilenstil jeweils einen (unvollständigen; Z. 1) Aussagesatz.
- Die Versgrenze 4/5 stellt ein Enjambement dar, während der dritte Vers einen Konditionalsatz beinhaltet.
  Anmerkungen: Brecht verzichtet am Versende grundsätzlich auf Kommas.

Ergänze weitere Beobachtungen und stelle auf der Grundlage der Beobachtungen zu Verseinteilung und Satzbau den Aufbau des Gedichts dar.

4

Entwickle aus den Beobachtungen, die du in Aufgabe 3 gemacht hast, einen Deutungsansatz für das Gedicht.

Städter

Nah wie Löcher eines Siebes stehn
Fenster beieinander, drängend fassen
Häuser sich so dicht an, dass die Straßen
Grau geschwollen wie Gewürgte sehn.

Ineinander dicht hineingehakt
Sitzen in den Trams die zwei Fassaden
Leute, wo die Blicke eng ausladen
Und Begierde ineinander ragt.

Unsre Wände sind so dünn wie Haut,
Dass ein jeder teilnimmt, wenn ich weine.
Flüstern dringt herüber wie Gegröhle:

Und wie stumm in abgeschlossner Höhle
Unberührt und ungeschaut
Steht doch jeder fern und fühlt: alleine.

Alfred Wolfenstein (1883–1945)

5

Wie bezeichnet man die Form des Gedichts? Stelle seinem formalen Aufbau das Thema jeder Strophe und die inhaltlichen Aussagen dazu in einer Tabelle gegenüber.

6

Markiere im Gedicht alle attributiv oder adverbial gebrauchten Adjektive, Adverbien oder Partizipien. Versuche sie inhaltlich zu gruppieren und daraus einen Deutungsansatz zu entwickeln.

7

„drängend fassen/Häuser sich so dicht an" (V. 2/3) – „die zwei Fassaden/Leute" (V. 6/7): Wie bezeichnet man diese sprachlichen Bilder bzw. rhetorischen Figuren? Wie können sie gedeutet werden?

8

Welches sprachliche Bild liegt in Vers 9 vor? Definiere dieses sprachliche Mittel und grenze es von der Metapher ab.

3.4 Klang und Rhythmus

Eine Besonderheit der gebundenen Sprache (Verssprache) besteht darin, dass ihre Wirkung auch durch klangliche und rhythmische Gestaltung erzielt wird.

Zu den klanglichen Gestaltungsmitteln eines Gedichts gehören die verschiedenen **Reimformen**, z. B. Endreime, Binnenreime, Alliterationen. Bei den Endreimen unterscheiden wir verschiedene **Reimstellungen** wie z. B. Paarreim, Kreuzreim, umarmender Reim, Schweifreim.

Du kannst bei Gedichten auch noch andere **klangliche Entsprechungen bzw. Übereinstimmungen** feststellen; zu diesen gehören beispielsweise Assonanzen (Gleichklang in der Vokalfolge) sowie Häufungen bestimmter Vokale oder Konsonanten bzw. Konsonantenverbindungen.

Schließlich solltest du ermitteln, ob es sich bei einem Gedicht um **freie Rhythmen** handelt oder ob das Gedicht von einem **Metrum** geprägt ist, also von einer regelmäßigen Abfolge von betonten und unbetonten Silben. Das Metrum eines Verses wird dabei durch die **Versfüße** (v. a. Jambus – unbetont-betont, Trochäus – betont-unbetont, Daktylus betont-unbetont-unbetont) sowie die Zahl der betonten Silben **(Hebungszahl)** bestimmt.

Bei den Versenden unterscheiden wir zwei Arten von **Kadenzen**: männliche bzw. stumpfe mit einer betonten Silbe und weibliche bzw. klingende mit einer betonten und einer unbetonten Silbe.

1
Bestimme das Reimschema und die Kadenzen der beiden Quartette in „Städter" von Alfred Wolfenstein.

2
Wie sind die Versenden 2/3 und 6/7 klanglich miteinander verbunden?

3
Bestimme das Metrum des Gedichts.

4
Welcher Vers fällt aus dem metrischen Schema heraus? Versuche diese Besonderheit zu deuten.

Zwei Segel

Zwei Segel erhellend
Die tiefblaue Bucht!
Zwei Segel sich schwellend
Zu ruhiger Flucht!

Wie eins in den Winden
Sich wölbt und bewegt,
Wird auch das Empfinden
Des andern erregt.

Begehrt eins zu hasten,
Das andre geht schnell,
Verlangt eins zu rasten,
Ruht auch sein Gesell.

Conrad Ferdinand Meyer (1825–1898)

5
Bestimme das Reimschema des Gedichts.

6
Mit welchen Kadenzen enden die Verse des Gedichts?

7

Wie könnten Reimschema und Anordnung der Kadenzen zum Inhalt des Gedichts bzw. zu dessen gedanklichem Aufbau in Beziehung gesetzt werden?

8

Welcher Konsonant prägt die zweite Strophe? Charakterisiere die Wirkung dieses Lautes.

9

Worin unterscheidet sich der Versbau in den Strophen 2 und 3?
Welcher Zusammenhang besteht dabei zwischen Form und Inhalt?

10

Beschreibe den Satzbau in der ersten Strophe und deute ihn.

11

Vergleiche den Satzbau der Verse 9/10 mit dem der Verse 11/12. Welcher Unterschied fällt auf? Wie bezeichnet man die jeweiligen Phänomene?

Hinweise

„Interpretiere das Gedicht“ – so knapp ist meist die Arbeitsanweisung formuliert, wenn du in einem Aufsatz ein Gedicht analysieren sollst. Trotzdem wird von dir erwartet, dass dein Aufsatz den üblichen **dreiteiligen Aufbau** aufweist.

Rücke in der **Einleitung** den Text mit seiner Thematik in den Blick und gib eventuell erste Eindrücke wieder oder formuliere Leitfragen für die dann folgende Analyse.

Im **Hauptteil** sollst du – ohne den Blick für das Ganze zu verlieren – aus der Untersuchung verschiedener Aspekte eine Deutung des Gedichts entwickeln und dabei durch Zitate und Versangaben einen klaren Textbezug herstellen.

Der von dir formulierte **Schlussteil** sollte ein Fazit beinhalten; hier kannst du auch auf Andeutungen in der Einleitung Bezug nehmen oder andere Fragen ansprechen – wie etwa die Aktualität des Gedichts, was sich im vorliegenden Fall beispielsweise anbietet. Wenn du eine begründete Wertung des Gedichts vornehmen willst, ist hier der richtige Platz; im Hauptteil solltest du das auf jeden Fall vermeiden.

In der Einleitung und vor allem im Schlussteil deines Aufsatzes kannst du auch **historische Bezüge** herstellen bzw. erläutern, welche Informationen zur **Biografie des Dichters** aufschlussreich sein könnten – vorausgesetzt natürlich, dass du überhaupt über solche Hintergrundinformationen verfügst. Grundsätzlich sollte dies deinen Blick jedoch nicht einschränken und dich nicht von vornherein zu einer Spekulation verleiten, wie das Gedicht zu verstehen sein könnte.
Ausgangspunkt bleibt immer das Gedicht selbst!

Interpretiere das folgende Gedicht.

Moderne Legende

Als der Abend übers Schlachtfeld wehte
Waren die Feinde geschlagen.
Klingend die Telegrafendrähte
Haben die Kunde hinausgetragen.

Da schwoll am einen Ende der Welt
Ein Heulen, das am Himmelsgewölbe zerschellt'
Ein Schrei, der aus rasenden Mündern quoll
Und wahnsinnstrunken zum Himmel schwoll.
Tausend Lippen wurden vom Fluchen blass
Tausend Hände ballten wild sich im Hass.

Und am andern Ende der Welt
Ein Jauchzen am Himmelsgewölbe zerschellt'
Ein Jubeln, ein Toben, ein Rasen der Lust
Ein freies Aufatmen und Recken der Brust.
Tausend Lippen wühlten im alten Gebet
Tausend Hände falteten fromm sich und stet.

In der Nacht noch spät
Sangen die Telegrafendräht'
Von den Toten, die auf dem Schlachtfeld geblieben – –
Siehe, da ward es still bei Freunden und Feinden.

Nur die Mütter weinten
Hüben – und drüben.

Bertolt Brecht (1898–1956)

4 Kurzprosa interpretieren

Dir sind im Deutschunterricht sicher schon verschiedene epische Kleinformen, also kürzere Erzählungen, begegnet. Der Begriff Kurzprosa fasst in diesem Kapitel verschiedene solcher Textsorten (Kurzgeschichte, Parabel, Fabel, Kürzestgeschichte etc.) zusammen.

In aller Regel wirst du bei Klassenarbeiten einen dir unbekannten Text vorgelegt bekommen (in Klasse 9 oft eine Kurzgeschichte, in Klasse 10 eher eine Parabel oder Kürzestgeschichte) – und auch den Autor musst du nicht unbedingt kennen.
Damit kann von dir nur eine textimmanente Interpretation verlangt werden, also eine Deutung, in die du keine Zusatzinformationen z. B. über den Autor einbeziehen kannst. Je nach Länge der Texte wird sich dabei die Intensität deiner Analyse – wie genau du auf möglichst viele Textsignale eingehen kannst – unterscheiden müssen.

Achte bei längeren Texten dieser Kategorie (also z. B. Kurzgeschichten) stets darauf, dass du nicht in eine reine Inhaltsangabe verfällst, sondern durch eine angemessene Auswahl von beobachteten Textsignalen tatsächlich zu einer Deutung kommst.

Die folgenden Untersuchungsaspekte helfen dir dabei.

4.1 Erzählperspektive und Erzählhaltung

Grundsätzlich kannst du hierbei nach dem **Blickwinkel**, aus dem erzählt wird, unterscheiden:

Der **Ich-Erzähler** kann die Vorgänge nur aus seiner eigenen Sicht schildern; dabei musst du gegebenenfalls zwischen dem erzählenden und dem erlebenden Ich unterscheiden.

Der **personale Erzähler** nimmt auch die Perspektive *einer* Person ein, schildert das Geschehen jedoch trotzdem in der Er-/Sie-Form. Als Sonderform der Figurenrede tritt hierbei immer wieder die erlebte Rede auf.

Der **auktoriale Erzähler** wird oft als der allwissende Erzähler bezeichnet, der eine übergeordnete, von den einzelnen Personen unabhängige Perspektive einnimmt - unter Umständen mit mehreren Innensichten (Gedanken, Gefühle verschiedener Personen). Allerdings kann er auch eine eher neutrale Erzählhaltung einnehmen, bei der er zwar äußere Vorgänge wiedergibt, die durchaus gleichzeitig an verschiedenen Orten stattfinden können, aber keine inneren Vorgänge deutlich werden lässt.

Innerhalb einer Erzählungen kann es auch **mehrere Erzählhaltungen** geben.

Im Spiegel

„Du kannst nichts", sagten sie, „du machst nichts", „aus dir wird nichts."
Nichts. Nichts. Nichts.
Was war das für ein NICHTS, von dem sie redeten und vor dem sie offensichtlich Angst hatten, fragte sich Achim, unter Decken und Kissen vergraben.
Mit lautem Knall schlug die Tür hinter ihnen zu.
Achim schob sich halb aus dem Bett. Fünf nach eins. Wieder mal zu spät.
Er starrte gegen die Zimmerdecke. – Weiß. Nichts. Ein unbeschriebenes Blatt Papier, ein ungemaltes Bild, eine tonlose Melodie, ein ungesagtes Wort, ungelebtes Leben.
Eine halbe Körperdrehung nach rechts, ein Fingerdruck auf den Einschaltknopf seiner Anlage. Manchmal brachte Musik ihn hoch.
Er robbte zur Wand, zu dem großen Spiegel, der beim Fenster aufgestellt war, kniete sich davor und betrachtete sich: lang, knochig, graue Augen im blassen Gesicht, hellbraune Haare, glanzlos. „Dead Kennedies" sangen: „Weil sie dich verplant haben, kannst du nichts anderes tun als aussteigen und nachdenken."
Achim wandte sich ab, erhob sich, ging zum Fenster und schaute hinaus. Straßen, Häuser, Läden, Autos, Passanten, immer dasselbe. Zurück zum Spiegel, näher heran, so nahe, daß er glaubte, das Glas zwischen sich und seinem Spiegelbild durchdringen zu können. Er legte seine Handflächen gegen sein Gesicht im Spiegel, ließ seine Finger sanft über Wangen, Augen, Stirn und Schläfen kreisen, streichelte, fühlte nichts als Glätte und Kälte.
Ihm fiel ein, daß in dem Holzkasten, wo er seinen Kram aufbewahrte, noch Schminke herumliegen mußte. Er faßte unters Bett, wühlte in den Sachen im Kasten herum und zog die Pappschachtel heraus, in der sich einige zerdrückte Tuben fanden. Von der schwarzen Farbe war noch ein Rest vorhanden.

Achim baute sich vor dem Spiegel auf und malte zwei dicke Striche auf das Glas, genau dahin, wo sich seine Augenbrauen im Spiegel zeigten. Weiß besaß er reichlich. Er drückte eine Tube aus, fing die weiche ölige Masse in seinen Händen auf, verteilte sie auf dem Spiegel über Kinn, Wangen und Nase und begann, sie langsam und sorgfältig zu verstreichen. Dabei durfte er sich nicht bewegen, sonst verschob sich seine Malerei. Schwarz und Weiß sehen gut aus, dachte er, fehlt noch Blau. Achim grinste seinem Bild zu, holte sich das Blau aus dem Kasten und färbte noch die Spiegelstellen über Stirn und Augenlidern.

Eine Weile verharrte er vor dem bunten Gesicht, dann rückte er ein Stück zur Seite, und wie ein Spuk tauchte sein farbloses Gesicht im Spiegel wieder auf, daneben eine aufgemalte Spiegelmaske.

Er trat einen Schritt zurück, holte mit dem Arm weit aus und ließ seine Faust in die Spiegelscheibe krachen. Glasteile fielen herunter, Splitter verletzten ihn, seine Hand fing an zu bluten. Warm rann ihm das Blut über den Arm und tröpfelte zu Boden. Achim legte seinen Mund auf die Wunden und leckte das Blut ab. Dabei wurde sein Gesicht rotverschmiert.

Der Spiegel war kaputt. Achim suchte sein Zeug zusammen und kleidete sich an. Er wollte runtergehen und irgendwo seine Leute treffen.

Margret Steenfatt (*1935)

1
Welche Erzählperspektive liegt vor?

2
Wie nimmt sich Achim selbst wahr? Belege deine Beobachtungen durch Zitate bzw. Zeilenangaben.

3
Markiere im Text alle Bewegungen, die Achim ausführt. Lassen sich daraus Schlussfolgerungen ziehen?

4
Wie könnte man Achims Betrachten der Zimmerdecke (Z. 7–9) interpretieren?

5
Wie könnte man die Zerstörung des Spiegels deuten? Versuche, mehrere Ansätze zu finden.

4.2 Personencharakterisierung

Die in einer Erzählung handelnden Personen und ihre Eigenschaften geben dir aufschlussreiche Hinweise für deine Deutung, deshalb ist es wichtig, dass du sie näher beleuchtest.

Du kannst **verschiedene Aspekte einer Person** berücksichtigen:
- Eigenschaften, gesellschaftliche Position, Verhalten und Handeln,
- Einsichten, Meinungen und Gefühle der Figuren,
- häufig auch deren Sprache und Sprechweise.

Überlege dir auch, in welchem Verhältnis die Personen zueinander stehen. Man bezeichnet die Zusammenfassung dieser verschiedenen Verhältnisse als **Personenkonstellation**.

1
Stelle die Personenkonstellation der Kurzgeschichte „Im Spiegel" von Margret Steenfatt in einem kleinen Schaubild dar.

2
Die folgende Kurzgeschichte von Rainer Brambach schildert den Ausbruch des „einfachen" Schlossers Känsterle. Charakterisiere das Verhältnis der Eheleute und berücksichtige dabei insbesondere, wie sie miteinander kommunizieren bzw. sich sprachlich verhalten.

3
Wie könnte man Herrn Hansmanns Reaktion auf Känsterles Ausbruch deuten?

Känsterle

Wallfried Känsterle, der einfache Schlosser, sitzt nach Feierabend vor dem Fernsehschirm. Wo denn sonst? – Tagesschau, Wetterkarte; die Meisterschaft der Gewichtheber interessiert Känsterle.
„Mach den Ton leiser, die Buben schlafen!" ruft Rosa, die in der Küche Geschirr gespült hat und nun hereinkommt.

Känsterle gehorcht.

„Es ist kalt draußen“, plaudert sie, „wie gut, daß wir Winterfenster haben. Nur frisch anstreichen sollte man sie wieder einmal. Wallfried, im Frühjahr mußt du unbedingt die Winterfenster streichen. Und kitten muß man sie! Überall bröckelt der Kitt. Niemand im Haus hat so schäbige Winterfenster wie wir! Ich ärgere mich jedesmal, wenn ich die Winterfenster putze. Hast du gehört?

„Ja, ja“, sagt Känsterle abwesend.

„Was macht denn der da?“ fragt Rosa und deutet auf den Fernsehschirm. „Der könnte seine Kraft auch für was Besseres gebrauchen! Stell das doch ab, ich hab mit dir zu reden!“

„Gleich, gleich!“ sagt Känsterle und beugt sich etwas näher zum Schirm.

„Herr Hansmann im Parterre hat im letzten Sommer seine Winterfenster neu gekittet und gestrichen, obwohl es gar nicht nötig war. Nimm dir mal ein Beispiel an Herrn Hansmann! Seine ganzen Ferien hat er dran gegeben. So ein ordentlicher Mann … Übermorgen ist Sankt Nikolaus. Erinnerst du dich an Herrn Weckhammer? Ich hab heut im Konsum seine Frau getroffen, ganz in Schwarz. Der alte Weckhammer ist umgefallen, beim Treppensteigen, Herzschlag.“

Känsterle drückt auf die Taste ‚Aus‘.

„Ein Trost“, fängt Rosa wieder an, „daß die Weckhammerschen Kinder aus dem Gröbsten raus sind. Die Witwe fragt, ob wir den Nikolaus gebrauchen könnten. Eine Kutte mit Kaninchenfell am Kragen, schöner weißer Bart, Stiefel, Sack und Krummstab, alles gut erhalten. Nur vierzig Mark will sie dafür, hat sie gesagt. Mein Mann wird kommen und ihn holen, hab ich da gesagt. Nicht wahr, Wallfried, du wirst Paul und Konradle die Freude machen?“

Känsterle schaut auf die matte Scheibe.

„Wallfried!“ ruft Rosa.

„Aber Rosa“, murmelt Känsterle hilflos, „du weißt doch, daß ich nicht zu so was tauge. Was soll ich denn den Buben sagen? Ein Nikolaus muß ein geübter Redner sein! Muß gut und viel sprechen …“.

Rosa glättet mit der Hand das Tischtuch und schüttelt den Kopf, wobei der Haarknoten, trotz des Kamms, der ihn wie ein braunes Gebiß festhält, eigensinnig wackelt.

„Vermaledeiter Stockfisch!“ zischt sie. „Nicht einmal den eignen Buben willst du diese Freude machen! Dabei hab ich schon im Konsum Nüsse, Datteln, Feigen, ein paar Apfelsinen und alles eingekauft!“

Känsterles Gemüt verdüstert sich. Er denkt an das schwere, ihm aufgezwungene Amt.

Eine verstaubte Glühbirne wirft trübes Licht. Känsterle steht auf dem Dachboden; er verwandelt sich zögernd in einen Weihnachtsmann. Die Kutte, die den Hundertkilomann Weckhammer einst so prächtig gekleidet hat, ist dem gedrungenen Känsterle viel zu geräumig. Er klebt den Bart an die Ohren. Sein Blick streift die Stiefel, und dabei versucht er sich an die Füße Weckhammers zu erinnern. Er zerknüllt ein paar Zeitungen und stopft sie in die steinharten Bottiche. Obwohl er zwei Paar grobwollene Socken anhat, findet er noch immer keinen rechten Halt. Er zieht die Kapuze über den Kopf, schwingt den vollen Sack über die Schulter und ergreift den Krummstab. Der Abstieg beginnt. Langsam rutscht ihm die Kapuze über Stirn und Augen; der Bart verschiebt sich nach oben und kitzelt seine Nase. Känsterle sucht mit dem linken Fuß die nächste Treppenstufe und tritt auf den Kuttensaum. Er beugt den Oberkörper vor und will den rechten Fuß vorsetzen; dabei rollt der schwere Sack von der Schulter nach vorn. Mann und Sack rumpeln in die Tiefe.

Ein dumpfer Schlag.

In Känsterles Ohren trillert's.

Ein Gipsfladen fällt von der Wand.

„Oh, jetzt hat sicher der Nikolaus angeklopft!“ tönt Rosas Stimme hinter der Tür. Sie öffnet und sagt: „Mein Gott … was machst du denn da am Boden? Zieh den Bart zurecht, die Kinder kommen!“

Känsterle zieht sich am Treppengeländer hoch, steht unsicher da. Dann holt er aus und versetzt Rosa eine Backpfeife. Rosa heult auf, taumelt zurück; Känsterle stampft ins Wohnzimmer, reißt Rosas Lieblingsstück, einen Porzellanpfauen, von der Kommode und schlägt ihm an der Kante den Kopf ab. Dann packt er den Geschirrschrank; er schüttelt ihn, bis die Scherben aus den Fächern hageln. Dann fliegt der Gummibaum samt Topf durch ein Fenster und ein Winterfenster; auf der Straße knallt es.

„Er schlachtet die Buben ab!“ kreischt Rosa durchs Treppenhaus. Auf allen Stockwerken öffnen sich Türen. Ein wildes Gerenne nach oben. Man versammelt sich um Rosa, die verdattert an der Wand steht und in die offene Wohnung zeigt. Als erster wagt sich Herr Hansmann in die Stube, betrachtet die Zerstörungen; ein Glitzern kommt in seine Augen, und er sagt:

„Mein lieber Känsterle, ist das alles?“

Elend hockt der Weihnachtsmann im Sessel, während Paul und Konradle unter dem Sofa hervorkriechen.

Ein kalter Wind zieht durch die Stube.

Rainer Brambach (1917–1983)

4.3 Aufbau einer kurzen Erzählung

Wenn du eine kurze Erzählung interpretierst, ist es wichtig, den Überblick zu behalten. Verliere dich nicht in Einzelheiten und achte darauf, einen klaren Textbezug herzustellen, damit du nicht über die Erzählung „hinwegschreibst“.

Du behältst leichter den Überblick, wenn du eine Erzählung **in Abschnitte gliederst**.

Häufig bieten sich dabei **inhaltliche Kriterien** an: Handlungsschritte, Zeitsprünge usw.

Auch die **Erzählweise** kann Kriterien für eine solche Gliederung bieten:
- Wechsel der Erzählperspektive,
- stilistische Wechsel,
- Wechsel von Dialogpassagen und Erzählerbericht usw.

1
Der folgende Text von Bettina Blumenberg gehört zur Gattung der Kürzestgeschichte. Gliedere den Text und begründe deine Gliederung.

2
Analysiere eingehend die Textstelle, die den Ausbruch des Bauern schildert (Z. 10–14), vor allem sprachlich.

3
Formuliere einen Interpretationsansatz für den Schluss (die letzten drei Sätze; Z. 23–25).

Lau

Die Fassade des Fachwerkhauses hat man erhalten. Die Innenräume sind unverändert. Von keinem Splitter des Erbhofes hatte man sich trennen wollen. Auf dem Querbalken über dem Haustor ist die Inschrift sorgfältig nachgemalt. Grell nun und zu bunt steht da: Westphaelischer Friede. Um ein Uhr sitzen sie alle um den alten Eichentisch versammelt. Zur Mittagsmahlzeit, pünktlich wie eh und je. Das Essen ist kalt, sagt der Bauer. Seit zwanzig Jahren guck ich mir das schon an, das lauwarme Gebräu, das spackig unter dem Gaumen klebt. Seit zwanzig Jahren fragst du mich täglich, ob es mir schmeckt. Seit zwanzig Jahren nicke ich, während der Hunger es mir reintreibt. Springt auf, wirft die Gabel wie einen flachen Flitschstein über den Tisch, daß sie die Gläser umsäbelt. Stampft mit dem Fuß auf, dem stiefelbeschwerten. Den geballten Trotz pflanzt er in den Absatz, der in den Dielenboden donnert, schmettert den Stuhl dazu, daß das Mobiliar erzittert und die Familie auf ihren Stühlen. In der Vitrine klirren die Gläser, zerscherbeln die kunstvoll aufgebauten Kristalltürme. Die geblümten Sammeltassen schlagen gegeneinander, stürzen zu Splittern. Die Frau schreit trotz der erschrockenen Starre. Fällt der schwere Ehrenteller für die pfründigste Mastkuh von der Wand, auf die Vitrine, die kippt. Gegen das Hanskind, den Nachkömmling, der den Zappelphilipp nicht mehr kennengelernt hat, der rettend nach dem Tischtuch greift. Zerrt die Decke an sich mit allen Terrinen, daß sich Suppen und Soßen und die große Ketchupflasche, ohne die Anne keine Mahlzeit beginnt, auf den Boden ergießen. Auf das beste Stück im Haus, den Perserteppich. Auf wieviele Speckseiten hat die Sippschaft dafür verzichtet. Und nun soll alles umsonst gewesen sein. Nur darum, weil heute wie immer das Essen so lau war. Als sei die Gewöhnung nicht das Sicherste im Leben.

Bettina Blumenberg (*1947)

4.4 Die Sprache

Ein sehr wichtiger Punkt für die Analyse einer Erzählung – wie für die Untersuchung aller literarischer Texte – ist die intensive Untersuchung der Sprache.

Bei der Untersuchung der Sprache kannst du insbesondere auf folgende Gesichtspunkte achten:

- **verwendete Wörter/Begriffe** (Signalwörter, zentrale Begriffe, Wortwiederholungen, Wortfelder, Wortarten, Verbformen usw.),
- **Satzbau** (Parataxe – Hypotaxe, Inversionen, Anaphern, unvollständige Sätze usw.),
- **sprachliche Bilder und Stilfiguren** (Vergleich, Metapher, Personifizierung usw.),
- **Stil** (Umgangssprache – Hochsprache, Sprache einer bestimmten sozialen Gruppierung usw.).

Insgesamt wirst du feststellen, dass die Sprache einer Erzählung **nicht immer durchgängig gleichartig** sein muss (z. B. die Ausdrucksweise verschiedener Personen).

1

Im Folgenden wird dir die Parabel „Herr Keuner und die Flut" von Bertolt Brecht in einzelnen Sätzen und mit Formulierungsvarianten präsentiert. Markiere jeweils die Variante, die dir angemessener erscheint und notiere dir dazu immer eine kurze Begründung.
Hinweis: Oftmals kann das Hinzudenken von Formulierungsvarianten den Blick für die Besonderheiten eines Textes schärfen; es kann also an manchen Stellen durchaus sinnvoll sein, dass du dir die Frage stellst, warum Brecht hier gerade so und nicht anders formuliert hat.

2

Versuche aufgrund deiner (noch nicht ganz vollständigen) Textkenntnis eine Gesamtdeutung der Parabel zu formulieren.

Herr Keuner und die Flut

Herr Keuner ging durch [das/ein] Tal, als er plötzlich bemerkte, daß [er/seine Füße] in Wasser [ging/gingen].

Da [sah/erkannte] er, daß [das/sein] Tal in Wirklichkeit ein Meeresarm war und daß die Zeit der Flut herannahte.

Er blieb sofort stehen **[und sah sich nach einem Kahn um, der ihn retten könnte/um sich nach einem Kahn umzusehen, und solange er auf einen Kahn hoffte, blieb er stehen]**.

Als aber kein Kahn in Sicht kam, **[hoffte er/gab er diese Hoffnung auf und hoffte]**, daß das Wasser nicht mehr steigen möge.

Erst als ihm das Wasser bis ans Kinn ging, **[begann er zu schwimmen/gab er auch diese Hoffnung auf und schwamm]**.

Er hatte erkannt, daß [er selber/auch er] ein Kahn war.

Bertolt Brecht (1898–1956)

Erklärung

Am Morgen lag Schnee.
Man hätte sich freuen können. Man hätte Schneehütten bauen können oder Schneemänner, man hätte sie als Wächter vor das Haus getürmt. Der Schnee ist tröstlich, das ist alles, was er ist – und er halte warm, sagt man, wenn man sich in ihn eingrabe.
Aber er dringt in die Schuhe, blockiert die Autos, bringt Eisenbahnen zum Entgleisen und macht entlegene Dörfer einsam.

Peter Bichsel (*1935)

3
Markiere im Text die Modi der Verben (Indikativ, Konjunktiv I und II, Imperativ) mit unterschiedlichen Farben.

4
Welche Schlüsse lassen sich aus den verwendeten Modi ziehen?

5
Kombiniere deine bisherigen Beobachtungen mit weiteren Textsignalen und überlege dir, welche Bedeutung dem Schnee beigemessen wird.

6
Welche Intention (Aussageabsicht) könnte Bichsel mit diesem kurzen Text verfolgen?

4.5 Raum und Zeit

Neben den bisher genannten Textsignalen solltest du auch Angaben zu Raum und Zeit mit in deine Beobachtungen einbeziehen. Sie können symbolische Bedeutung haben und geben Aufschluss über die Intention (Aussageabsicht) des Textes.

Handlungsorte können recht aussagekräftig sein, weil sie neben der **inhaltlichen** auch eine **symbolische Bedeutung** haben können (z. B. eine Kirche, ein Gerichtssaal etc.).

Die **Handlungsorte** können das **Verhalten und Auftreten der Personen** beeinflussen.

Achte darauf, ob **Handlungsorte** durch ihre **Beschaffenheit** bedeutungstragend sind: Enge – Weite, Dunkelheit – Licht usw.

Zeitangaben können genauso **inhaltlich** wie auch **symbolisch bedeutsam** sein: Wir verbinden mit bestimmten Zeitpunkten oder -räumen gewisse **Stimmungen**; wir kennen die **Tages- und Jahreszeitenmetaphorik** (z. B. Nachmittag oder Herbst als Bild für das ablaufende Leben).

Das Verhältnis von **Erzählzeit** (Zeit, die die Erzählung, also das Lesen, in Anspruch nimmt) zu **erzählter Zeit** (Zeitraum, in dem die Handlung abläuft) kann eine Rolle spielen.

Ebenso solltest du berücksichtigen, ob der **zeitliche Ablauf der geschilderten Vorgänge** (die Chronologie) eingehalten, unterbrochen oder sogar bewusst durcheinander gebracht ist.

1

Analysiere Känsterles „Verwandlung“ und „Abstieg“ (Z. 45 – 60) und beachte dabei die Hinweise zum Raum.

2

Welche Rolle spielen Zeitangaben in dieser Geschichte?

Kurzgeschichte

Bei dem folgenden Text von Günter Seuren „Das Experiment" handelt es sich um eine Kurzgeschichte. Formuliere deine Gedanken zu den Aufgaben wie in einem Interpretationsaufsatz aus, so, als ob es sich um einzelne Abschnitte aus einem solchen Aufsatz handeln würde. Belege deine Ausführungen gegebenenfalls auch durch entsprechende Textbezüge.

Das Experiment

„Ich geh rückwärts, weil ich nicht länger vorwärts gehen will", sagte der Mann. Er war übermittelgroß, bleich vor Anstrengung, sich auf das Rückwärtsgehen zu konzentrieren, und hatte eine vom Wind gerötete Nase. Es blies ein heftiger Westwind, und die Böen, die die übrigen Fußgänger, mit denen der Mann in dieselbe Richtung ging, nur als Brise im Rücken empfanden, trafen ihn mitten ins Gesicht. Er bewegte sich langsamer als die anderen, aber stetig wie ein Krebs im Rückwärtsgang.

„Eines Tages", sagte der Mann, „war ich ganz allein in einem windstillen Park. Ich hörte die Amseln neben mir im Gebüsch nach Futter stochern, ich hörte Tauben rufen – und eine große Ruhe überkam mich. Ich ging ein paar Schritte rückwärts, und ich weiß jetzt: wenn man immer nur vorwärts geht, verengt sich der Weg. Als ich anfing, rückwärts zu gehen, sah ich die übergangenen und übersehenen Dinge, ich hörte sogar das Überhörte. Sie werden entschuldigen, wenn ich mich Ihnen nicht ganz verständlich machen kann. Verlangen Sie keine Logik von mir, die Entdeckung, die ich gemacht habe, läßt sich nicht in Worte fassen. Und denken Sie auch nicht, daß ich ein Mann der Umkehr bin, nein, ich kehre nicht um, ich …" Der Mann schwieg ein paar Sekunden und sah entschlossen geradeaus, „es wird Sie verwundern … aber ich bin kein Träumer." „Was sind Sie dann?" sagte der Begleiter, ein Mann, der sich im herkömmlichen Vorwärtsgang bewegte. „So kommen Sie doch nicht weiter. Eines Tages sind Sie stehengeblieben, vielleicht wollten Sie das Gras wachsen hören, Sie traten ein paar Schritte zurück, um Abstand zu haben. War es so?"

Der rückwärts gehende Mann sah seinen Begleiter an, sein Blick war sanft. „Mein Experiment ist noch nicht abgeschlossen", sagte er.

„Glauben Sie, daß Ihre Art der Fortbewegung sich durchsetzen wird?" sagte der Begleiter.

„Eine schwer zu beantwortende Frage", sagte der Mann und hielt den Blick auf einen Punkt gerichtet, den der Begleiter nicht erkennen konnte. „Übrigens ist meine Idee nicht neu. Wie mir später eingefallen ist, hatte ein längst zu Staub zerfallenes Volk ähnliche Probleme zu lösen wir wir. Es war ebenfalls in ein Stadium getreten, wo sein Weiterleben in Frage stand. Es half sich auch auf eine scheinbar seltsame Weise, Sie können auch Trick sagen, wenn Sie so wollen: Fortan wurden kriegerische Auseinandersetzungen unter den einzelnen Stämmen derart ausgetragen, daß sich die Gegner mit dem Rücken gegeneinanderstellten und so lange ihre Streiche und Hiebe in purer Luft ausführten, bis ein Kämpfer nach dem anderen erschöpft zu Boden sank. Schweratmend fielen ganze Heere ins Gras, und der anschließende Schlaf war verdient. Es waren tagelange, aber unblutige Schlachten, und die einzige Folge war ein gewaltiger Muskelkater. Wie finden Sie das?"

„Zugegeben – ein brauchbares Ventil für Naturvölker", sagte der Begleiter, „aber nichts für uns. Was also versprechen Sie sich von Ihrem Rückwärtsgang?"

„Ich hoffe", sagte der Mann, „daß ich die Aufmerksamkeit auf mich lenke."

„Das tun Sie auf jeden Fall", sagte der Begleiter, „das tut auch ein Dauerklavierspieler oder einer, der fünfzig Kilometer auf Händen geht."

Aber der rückwärts gehende Mann ließ sich durch solche Anspielungen nicht aus der Fassung bringen.

„Ich hoffe, ich werde verstanden", sagte er. „Als ich das erstemal rückwärts ging, lebte ich auf."

„Schon gut", sagte der andere, „Sie sind nicht der erste, der solche Ansichten vertritt. Immerhin schlagen Sie etwas Praktisches vor, doch zweifle ich sehr, daß Sie Erfolg haben."

„Erfolg oder nicht", sagte der Mann, „wir sollten es versuchen, wir alle."

„Verzeihung", sagte der Begleiter, „ich denke in Tatsachen: Haben Sie nie ein Protokoll wegen groben Unfugs bekommen?"

Der rückwärts gehende Mann sah seinem Begleiter zum erstenmal voll ins Gesicht.

„Ein einziges Mal", sagte er lächelnd, „das war am Anfang, als ich noch unsicher war."

„Und heute stoßen Sie mit keinem mehr zusammen?"

„Niemals!" sagte der Mann noch immer lächelnd.

Sie schwiegen. Mit elastischen Schritten ging der Mann rückwärts. Der Begleiter hatte Mühe, ihm zu folgen. Der Mann, der rückwärts ging, wurde schneller.

„Entschuldigen Sie", sagte er, „ich muß mich leider etwas beeilen. Ich habe noch eine Verabredung. Auf Wiedersehen.“ Dann verschwand er im Gedränge. Der andere verlangsamte seinen Schritt wie jemand, der zurückbleibt, um Atem zu holen.

Wenige Augenblicke später geschah es. Wie aus einem Riß in der Asphaltdecke aufgestiegen explodierte ein mehrstimmiger Schrei. Die Menschen blieben stehen und sahen in eine bestimmte Richtung. Erst waren es einzelne, dann ganze Gruppen, die sich auf einen schnell anwachsenden Kreis aus Menschen zu bewegten.

Als der Begleiter schließlich so weit vorgedrungen war, daß er in den Kreis sehen konnte, sah er, daß der Mann, der rückwärts gegangen war, wie eine vom Himmel gefallene große Marionette auf dem Asphalt lag. Aus dem Kreis sagte jemand: „Der Wagen hat keine Schuld, das kann ich bezeugen.“

Und ein anderer sagte: „Er muß betrunken sein. Er ging rückwärts.“

Der Begleiter schob sich in die Mitte des Kreises und bückte sich über den Mann.

„Können Sie mich verstehen?“

„Ja“, sagte der Mann und bewegte sich nicht. Er lag mit der linken Wange auf dem Asphalt und sprach in die graue Decke hinein. „Versuchen Sie es einmal, wenn Sie ganz allein sind. Irgendwo. In einem Park oder nachts an einer freien Stelle. Ich hoffe, Sie werden Gefallen daran finden. Und machen sie es besser als ich.“

Polizisten betraten den Kreis.

„Können Sie Angaben machen?“ sagte ein Polizist zu dem Begleiter.

„Er wollte rückwärts gehen“, sagte der Begleiter.

„Das ist heute schon der vierte, der das versucht“, sagte der Polizist.

„Was ist nur mit den Leuten los?“

Günter Seuren (1932–2003)

1
Verfasse eine Einleitung deiner Interpretation.

2
Charakterisiere den Rückwärtsgänger und den Begleiter sowie deren Verhältnis zueinander.

3
Was sagt der Mann über sein Experiment? Wie spricht er darüber und über seine Ziele?

4
Wie wird der Einschnitt in der Geschichte (der Unfall) erzählerisch vorbereitet?

5
Deute den abschließenden Dialog zwischen Begleiter und Polizist.

Kürzestgeschichte

Interpretiere nun die Kürzestgeschichte bzw. Parabel „Der verlorene Enkel" von Günter Kunert.

Der verlorene Enkel

Jeden Morgen treten sie vor die Tür: Vater, Mutter, Sohn und Schwiegertochter und legen die Hände schirmend über ihre acht Augen, als blende sie die noch gar nicht aufgegangene Sonne. Doch wenn diese erst einmal über den Horizont hoch ist, haben die vier längst ihren Wachtposten vorm Haus verlassen, um zu arbeiten oder zumindest sich den Anschein zu geben. Nach jedem Beilhieb hebt der Vater lauschend den Kopf, ob da nicht ein Trittgeräusch gewesen, ein Sohlenknarren, ein verlegenes Hüsteln, ein stilles Greinen, das er unbeabsichtigt mit dem Axtgeräusch übertönt hätte. Der Oberkörper des Sohnes erscheint immer wieder in dieser und jener Dachluke, weit hinausgereckt bis zum Nabel, eine Art menschliches Periskop, damit ja nicht der Moment verpaßt werde, wo der Heimkehrende durchs stets offene Hoftor stolpert und seligen Schrittes über den festgestampften Lehmboden wankt, Tränen des Glückes vergießend, in den Staub zu fallen und die Heimaterde zu küssen, umgeben von Großvater, Vater, Mutter und Großmutter, einigen Ziegen und Schweinen und etwas Geflügel.
Worte um Worte aus vier Mündern malen Abend um Abend die Szene bunter und bunter aus: seit Jahren. Zuerst war man entschlossen, ein Exempel zu statuieren, den verlumpten Rückzügler in den Stall zu sperren, auf Lebenszeit etwa oder wenigstens auf vier Wochen, zumindest ein, zwei Stunden, Strafe muß sein, wo kommen wir hin, wenn jeder Enkel weglaufen wollte, bloß weil er nicht Vater und Großvater werden will, nicht auf Großmutter liegen, nicht auf der Mutter, nicht zwischen Schweinen und Ziegen, also aus purem Trotz und anderen niedrigen Beweggründen: ob man ihn nicht doch in den Schweinekoben auf ein Jahrzehnt, sobald man seiner habhaft geworden, wann wird man das bloß, darauf richtet sich alles Interesse und alles Mühen im zunehmenden Verfall des Gehöftes, in das kein verlorener Enkel zurückkehrt, weil das melodiöse Klirren das Gewicht der Ketten dem nicht aufwiegt, der sie einmal abgestreift hat.

Günter Kunert (*1929)

5 Textstellen interpretieren

5.1 Einleitung – Thematik der Textstelle

Wenn du im Deutschunterricht eine so genannte Ganzschrift behandelt hast, kann es sein, dass von dir im Aufsatz die Interpretation einer Textstelle aus dieser Ganzschrift erwartet wird. Dabei ergeben sich zwar ein paar Unterschiede zwischen Theaterstücken auf der einen und epischen Werken wie Romanen und Novellen auf der anderen Seite; die Vorgehensweise der Interpretation ist jedoch ähnlich:

- Auf eine thematische **Einleitung** folgt eine vor allem inhaltliche Einordnung der Textstelle in den Zusammenhang des Gesamttextes.
- Dann erst entwickelst du im **Hauptteil** deine Deutung der vorliegenden Textstelle.
- Im **Schlussteil** wird von dir in aller Regel eine Ausweitung der erarbeiteten Ergebnisse verlangt; dazu gibt dir die Aufgabenstellung jeweils genauere Hinweise.

Die Aufgaben in diesem Kapitel folgen dem Aufbau eines solchen Interpretationsaufsatzes. Am Schluss werden die Unterschiede der Gattungen nochmals aufgenommen und berücksichtigt.

In der Einleitung kennzeichnest du den Text, indem du die **Textsorte** der Ganzschrift, **Autor** und **Titel** angibst. Zudem stellst du die **Thematik des Textes** dar.
Bei einer Ganzschrift musst du darauf achten, dass du sowohl die **allgemeine Thematik** des Stückes, des Romans, der Novelle angibst als auch auf die **spezielle Thematik** der vorgelegten Textstelle hinführst. Das bedeutet, dass du diejenigen thematischen Aspekte verstärkt herausgreifst, die besonders bedeutsam sind.

1

In Max Frischs Theaterstück „Andorra“ bekennt sich der Lehrer Can „aus Angst vor seinen Leuten“ nicht zu seinem unehelichen Sohn Andri. Stattdessen gibt er ihn als jüdisches Kind aus, das er angeblich gerettet hat. Weil sie selbst in ihren Vorstellungen gefangen sind, finden die Andorraner in Andri ihre Klischeevorstellungen über Juden bestätigt und der Junge Andri übernimmt schließlich das Bild, das sie sich von ihm machen.
Stelle die allgemeine Thematik des Stückes dar.

2

Der folgende Textauszug ist überschrieben mit „Vordergrund nach dem achten Bild“. Welche Aspekte sind für die spezielle Thematik der angegebenen Textstelle bedeutsam?

Vordergrund

Der Lehrer und die Senora vor dem weißen Haus wie zu Anfang.

SENORA Du hast gesagt, unser Sohn sei Jude.

Lehrer schweigt.

Warum hast du diese Lüge in die Welt gesetzt?

Lehrer schweigt.

Eines Tages kam ein andorranischer Krämer vorbei, der überhaupt viel redete. Um Andorra zu loben, erzählte er überall die rührende Geschichte von einem andorranischen Lehrer, der damals, zur Zeit der großen Morde, ein Judenkind gerettet habe, das er hege und pflege wie einen eignen Sohn. Ich schickte sofort einen Brief: Bist du dieser Lehrer? Ich forderte Antwort. Ich fragte: Weißt du, was du getan hast? Ich wartete auf Antwort. Sie kam nicht. Vielleicht hast du meinen Brief nie bekommen. Ich konnte nicht glauben, was ich befürchtete. Ich schrieb ein zweites Mal, ein drittes Mal. Ich wartete auf Antwort. So verging die Zeit … Warum hast du diese Lüge in die Welt gesetzt?

LEHRER Warum, warum, warum!

SENORA Du hast mich gehaßt, weil ich feige war, als das Kind kam. Weil ich Angst hatte vor meinen Leuten. Als du an die Grenze kamst, sagtest du, es sei ein Judenkind, das du gerettet hast vor uns. Warum? Weil auch du feige warst, als du wieder nach Hause kamst. Weil auch du Angst hattest vor deinen Leuten.

Pause

War es nicht so?

Pause

Vielleicht wolltest du zeigen, daß ihr so ganz anders seid als wir. Weil du mich gehaßt hast. Aber sie sind hier nicht anders, du siehst es, nicht viel.

Lehrer schweigt.

Er sagte, er wolle nach Haus, und hat mich hierher gebracht; als er dein Haus sah, drehte er um und ging weg, ich weiß nicht wohin.

LEHRER Ich werde es sagen, daß er mein Sohn ist, unser Sohn, ihr eignes Fleisch und Blut –

SENORA Warum gehst du nicht?

LEHRER Und wenn sie die Wahrheit nicht wollen?

Pause

Max Frisch (1911-1991)

3

Ödön von Horváth erzählt in seinem Roman „Jugend ohne Gott“ die Geschichte einer Lehrer-Schüler-Beziehung. Lege die allgemeine Thematik des Romans dar.

4

Versuche, im folgenden Kapitel „Die anderen Augen“ die spezielle Thematik der angegebenen Textstelle einzukreisen.

Die anderen Augen

Und ich rede von dem fremden Jungen, der den N erschlagen hat, und erzähle, daß der T zuschauen wollte, wie ein Mensch kommt und geht. Geburt und Tod und alles, was dazwischen liegt, wollt er genau wissen. Er wollte alle Geheimnisse ergründen, aber nur, um darüberstehen zu können – darüber mit seinem Hohn. Er kannte keine Schauer, denn seine Angst war nur Feigheit. Und seine Liebe zur Wirklichkeit war nur der Haß auf die Wahrheit.

Und während ich so rede, fühle ich mich plötzlich wunderbar leicht, weil es keinen T mehr gibt.

Einen weniger!

Freue ich mich denn?

Ja!

Ja, ich freue mich!

Denn trotz aller eigenen Schuld an dem Bösen ist es herrlich und wunderschön, wenn ein Böser vernichtet wird! Und ich erzähle alles.

„Meine Herren“, sagte ich. „es gibt ein Sägewerk, das nicht mehr sägt, und es gibt Kinder, die in den Fenstern sitzen und die Puppen bemalen.“

„Was hat das mit uns zu tun?“ fragt mich der Funktionär.

Die Mutter schaut zum Fenster hinaus.

Draußen ist Nacht.

Sie scheint zu lauschen –

Was hört sie?

Schritte?

Das Tor ist ja offen –

„Es hat keinen Sinn, einen Strich durch die Rechnung machen zu wollen“, sage ich, und plötzlich höre ich meine Worte.

Jetzt starrt mich die Mutter wieder an.

Und ich höre mich: „Es ist möglich, daß ich Ihren Sohn in den Tod getrieben habe –“

Ich stocke –

Warum lächelt die Mutter?

Sie lächelt noch immer –

Ist sie verrückt?

Sie beginnt zu lachen – immer lauter!

Sie kriegt einen Anfall.

Sie schreit und wimmert –

Ich höre nur das Wort „Gott“.

Dann kreischt sie: „Es hat keinen Sinn!“

Man versucht, sie zu beruhigen.

Sie schlägt um sich.

Der Diener hält sie fest.

„Es sägt, es sägt!“ jammert sie –

Was?

Das Sägewerk?

Sieht sie die Kinder in den Fenstern?

Ist jener Herr erschienen, der auch auf Ihre Zeit, gnädige Frau, keine Rücksicht nimmt, denn er geht durch alle Gassen, ob groß oder klein –

Sie schlägt noch immer um sich.

Da verliert sie ein Stückchen Papier – als hätte ihr wer auf die Hand geschlagen.

Der Funktionär hebt es auf.

Es ist ein zerknülltes Papier.

Der abgerissene Teil jenes Zettels, auf dem stand: „Der Lehrer trieb mich in den Tod“.

Und hier schrieb der T, warum er in den Tod getrieben wurde: „Denn der Lehrer weiß es, daß ich den N erschlagen habe. Mit dem Stein –“

Es wurde sehr still im Saal.
Die Mutter schien zusammengebrochen.
Sie saß und rührte sich nicht.
Plötzlich lächelt sie wieder und nickt mir zu.
Was war das?
Nein, das war doch nicht sie –
Das waren nicht ihre Augen –
Still wie die dunklen Seen in den Wäldern meiner Heimat.
Und traurig wie eine Kindheit ohne Licht.
So schaut Gott zu uns herein, muß ich plötzlich denken. Einst dachte ich, er hätte tückische, stechende Augen –
Nein, nein!
Denn Gott ist die Wahrheit.
„Sage es, daß du das Kästchen erbrochen hast“, höre ich wieder die Stimme.
„Tu mir den Gefallen und kränke mich nicht –“
Jetzt tritt die Mutter langsam vor den Funktionär und beginnt zu reden, leise, doch fest: „Ich wollte mir die Schande ersparen“, sagt sie, „aber wie der Lehrer zuvor die Kinder in den Fenstern erwähnte, dachte ich schon: ja, es hat keinen Sinn.“

Ödön von Horváth (1901–1938)

5.2 Einleitung – Einordnung der Textstelle

Zu Beginn der Einleitung solltest du kurz darstellen, an welcher Stelle der Ganzschrift die zu untersuchende Textstelle steht.
Bei der Einordnung der Textstelle zeigst du, wie sie in den Gesamtzusammenhang der Ganzschrift eingebettet ist und welche Handlungsstränge auf die Textstelle zuführen. Du kannst auch den weiteren Handlungsverlauf durchaus andeuten. Auf Textbelege kannst du dabei in aller Regel verzichten.

Welche inhaltlichen Aspekte bei der Einordnung zu erwähnen sind, entscheidest du **ausgehend von der Textstelle**.
Die Hinführung auf die Textstelle verlangt von dir eine **bewusste Auswahl inhaltlicher Punkte**, sie ist nicht einfach eine Inhaltsangabe des vorausgehenden Teils der Ganzschrift.
Das **Grundtempus** ist auch bei der inhaltlichen Hinführung **Präsens**.
Es kann durchaus angemessen sein, dass du bei der Einordnung außer dem Inhalt **weitere Aspekte der Ganzschrift** kurz andeutest. Berücksichtige dabei beispielsweise die Personenkonstellation, Besonderheiten von Form oder Sprache, Erzählperspektive, Aufbau.

1
Entwirf stichwortartig ein Konzept für eine Einordnung der oben angegebenen Textstelle aus dem Roman „Jugend ohne Gott“ von Horváth.

2
Formuliere eine inhaltliche Einordnung der oben angegebenen Vordergrundszene aus Frischs Theaterstück „Andorra“.

5.3 Hauptteil – Deutung der Textstelle

Im Hauptteil deiner Arbeit sollst du – auf der Grundlage einer sorgfältigen Analyse – zu einer Interpretation der betreffenden Textstelle gelangen.

Du kannst chronologisch, d.h. dem **inneren Aufbau der Textstelle** folgend, vorgehen; dazu kannst du diese in Teilabschnitte untergliedern.
Genauso ist es denkbar, **einzelne Untersuchungsaspekte nacheinander** zu erarbeiten; dann gliedert sich dein Hauptteil beispielsweise durch das Betrachten der beteiligten Personen, durch die Untersuchung der Beziehungen zwischen diesen, durch die Analyse der Sprache, der erzählerischen Mittel (bei epischen Texten), der Redeanteile und der Regieanweisungen (bei dramatischen Texten).

Genauere **Hinweise zu einzelnen Untersuchungsaspekten** wie Charakterisierung von Personen, Sprache usw. kannst du dem Kapitel „Kurzprosa" entnehmen.

Bei allen Beobachtungen solltest du dir überlegen, **warum** der Autor seinen Text an dieser Stelle inhaltlich, sprachlich oder formal **genau in dieser Weise gestaltet** hat – das bedeutet interpretieren!
Es kann dir helfen, wenn du an mögliche **Alternativen** denkst und dich dann fragst, warum der Text nicht anders gestaltet ist.

In jedem Fall ist es sinnvoll, **Zwischenergebnisse** zu formulieren, um stets den Überblick zu bewahren und nicht das Ziel aus den Augen zu verlieren. Am Schluss soll eine **begründete Deutung** stehen.

Sehr positiv ist es, wenn du **Verbindungen zu anderen Textstellen** herstellen kannst – etwa indem du ähnliche oder entgegengesetzte Verhaltensweisen der Personen erkennst oder indem du auf parallele oder gleiche Formulierungen verweist.

1

Gliedere die Textstelle aus dem Roman „Jugend ohne Gott" von Horváth und begründe deine Gliederung.

2

Analysiere und interpretiere den ersten Teilabschnitt der angegebenen Textstelle aus Horváths Roman (Z. 1–12).
Formuliere einen entsprechenden Teil eines Interpretationsaufsatzes und runde diesen mit einem Zwischenergebnis ab.

3

Analysiere und interpretiere die Gesprächsanteile und die unterschiedliche Art der Gesprächsführung der beiden Beteiligten in der Vordergrundszene aus Frischs „Andorra". Lege dir eine Tabelle nach folgendem Muster an und notiere deine Ergebnisse.

Lehrer	Beobachtungen	Interpretation
Gesprächs-anteile	– … – … – …	– … – … – …
Gesprächs-führung	– … – … – …	– … – … – …

Erstelle dieselbe Tabelle für die Senora.

4

Welche möglichen Gründe für die Lüge des Lehrers gibt die Senora in dieser Szene an? Kannst du diese Annahmen durch das Heranziehen anderer Textstellen des Stückes stützen oder verwerfen?

5

Die vorliegende Vordergrundszene unterscheidet sich grundlegend von den übrigen des Theaterstücks. Stelle die Unterschiede dar und überlege dir, warum Frisch die Szene wohl dennoch als „Vordergrund" und nicht etwa als „Neuntes Bild" bezeichnet hat (mit entsprechend veränderter Nummerierung der weiteren Bilder).

5.4 Schluss – Ausweitung der Ergebnisse

Im Schlussteil deiner Arbeit machst du dir Gedanken zur dritten Arbeitsanweisung. Es wird erwartet, dass du auf deine bisherigen Interpretationsergebnisse Bezug nimmst.

Die angesprochene Arbeitsanweisung zielt auf eine **Ausweitung deiner Textstellenanalyse**, indem du dabei angesprochene Aspekte in einen größeren Zusammenhang stellst:

- Dies kann beispielsweise heißen auszuführen, welche **Funktion** die **vorliegende Textstelle** oder eine in ihr auftretende **Person** für das gesamte Stück oder den gesamten Roman hat.
- Oder du wirst aufgefordert, die **Entwicklung einer Person** oder **der Beziehung zweier Personen** ausgehend von der Textstelle näher zu beleuchten.
- Schließlich ist auch denkbar, dass du einen in der Textstelle **bedeutsamen thematischen Aspekt** oder ein darin vorkommendes **zentrales Motiv** für die gesamte Ganzschrift oder einen Teil daraus in den Blick nehmen sollst.

1

Augen spielen in Horváths Roman „Jugend ohne Gott" eine wichtige Rolle, auch im vorliegenden Kapitel „Die anderen Augen". Erstelle eine stichwortartige Stoffsammlung zur Bedeutung des Augen-Motivs in diesem Roman.

2

Stelle die Entwicklung des Lehrers Can in „Andorra" in einem Schaubild dar. Kennzeichne dabei den Ort der oben angegebenen Textstelle.

3

Formuliere einen Schlussteil für einen Interpretationsaufsatz zur angegebenen Vordergrundszene aus „Andorra" mit folgender Arbeits-anweisung: Überlege dir – ausgehend von der vorliegenden Textstelle –, welche Funktion die Senora für das Stück hat.

5.5 Epische und dramatische Texte – Besonderheiten

Die Textstellen, um die es in diesem Kapitel geht, stammen aus epischen oder dramatischen Ganzschriften. Für deine Vorgehensweise bei einer Textstelleninterpretation spielt das keine entscheidende Rolle. Du solltest aber die Gattungsmerkmale bei der Analyse der Textstelle wie bei Hinweisen zur gesamten Ganzschrift berücksichtigen.

Epische Texte

Wenn du es mit einer Ganzschrift aus der Hauptgattung **Epik** zu tun hast, also im Unterricht ein **Roman** oder eine **Novelle** behandelt wurde, solltest du über die Gestaltungsmerkmale erzählender Texte Bescheid wissen. Zu diesen gehören neben dem Inhalt die Personencharakterisierung und -konstellation, die Aspekte Raum und Zeit, die Erzählperspektive bzw. -haltung sowie die Sprache. All diese Merkmale sind im Kapitel „Kurzprosa" genauer ausgeführt.

Dramatische Texte

Dramatische Texte (Theaterstücke) haben **zwei Ebenen**: die **wörtliche Rede** der handelnden Personen und die **Regieanweisungen**.

Die Personen eines Theaterstücks (dramatis personae) **handeln** vornehmlich **durch Sprechen**, also Sprechhandlungen. Du solltest daher ein besonderes Augenmerk auf ihre **Ausdrucksweise**, ihre **Gesprächsanteile** sowie ihren Einfluss auf den **Gesprächsverlauf** richten.

Eine Sonderform dramatischer Szenen stellt der **Monolog** dar. In ihm erhältst du **Einblick in das Innenleben einer Person**, ihre Gedanken, Gefühle, Absichten usw.

Haltung, Absichten und Charakter der Personen können auch durch deren **Aussehen** und **Auftreten**, wie es die Regieanweisungen zum Ausdruck bringen, deutlich werden.

Regieanweisungen enthalten zudem häufig **Hinweise zu Raum und Zeit**.

Dramatische Texte können einen unterschiedlichen **Aufbau** haben: Es gibt **klassische Dramen**, die nach dem **Fünf-Akt-Schema** aufgebaut sind (z. B. Schillers „Maria Stuart").

Modernere Dramen weisen **unterschiedliche Formen** auf: mit oder ohne Akt- bzw. Szeneneinteilung; Stationendramen mit verschiedenen Bildern; epische Stücke (z. B. Frischs „Andorra", Brechts „Mutter Courage"), bei denen das Publikum direkter angesprochen werden soll u. a. m.

Bei den meisten Dramenformen bildet der erste Teil (z. B. der erste Akt, das erste Bild) die **Exposition**. In ihr wird die **Vorgeschichte** präsentiert, werden die **Hauptpersonen** vorgestellt und zeichnet sich der **Grundkonflikt** ab.

Die **herkömmliche Grundeinteilung** von Theaterstücken in **Komödien** und **Tragödien** ist vor allem für modernere Stücke **nicht so klar** vorzunehmen. Wenn du Stücke mit komischen, ironischen, satirischen Elementen liest oder anschaust, haben diese oft auch einen ernsten Hintergrund, teilweise sogar tragische Aspekte oder gar einen tragischen Ausgang (z. B. einige Stücke Dürrenmatts).

In Friedrich Dürrenmatts Drama „Der Besuch der alten Dame" bietet die Milliardärin Claire Zachanassian dem bankrotten Städtchen Güllen die Summe von einer Milliarde für den Tod von Alfred Ill. Dieser hatte etwa fünfzig Jahre zuvor in einem Vaterschaftsprozess gegen ihn Zeugen bestochen, die aussagten, ebenfalls mit Claire geschlafen zu haben. Das Urteil machte das junge Mädchen zur Hure, die daraufhin mittellos in die Welt hinauszog.
Nun will sich die inzwischen reich gewordene Zachanassian rächen. Güllen hat sie bereits aufgekauft und absichtlich in den Ruin getrieben. Trotz öffentlicher Solidaritätsbekundungen spekuliert jeder der Güllener darauf, dass irgendwann jemand Ill töten wird.

1

Der folgende Textauszug ist der Anfang des Dritten Aktes. Wie werden die beteiligten Personen durch die Regieanweisungen beschrieben bzw. charakterisiert? Wie könntest du deine Beobachtungen deuten?

2

Untersuche, wie die Regieanweisungen in dieser Textstelle die Aussagen der Personen unterstützen bzw. kommentieren.

Der Besuch der alten Dame

Petersche Scheune. Links sitzt Claire Zachanassian in ihrer Sänfte, unbeweglich, im Brautkleid, weiß, Schleier usw. Ganz links eine Leiter, ferner Heuwagen, alte Droschke, Stroh, in der Mitte ein kleines Faß. Oben hängen Lumpen, vermoderte Säcke, riesige Spinnweben breiten sich aus. Der Butler kommt aus dem Hintergrund.

DER BUTLER Der Arzt und der Lehrer.
CLAIRE ZACHANASSIAN Sollen hereinkommen.

Der Arzt und der Lehrer erscheinen, tappen sich durchs Dunkel, finden endlich die Milliardärin, verneigen sich. Die beiden sind nun in guten, soliden, bürgerlichen Kleidern, eigentlich schon elegant.

DIE BEIDEN Gnädige Frau.
CLAIRE ZACHANASSIAN *betrachtet die beiden durch ihr Lorgnon* Sehen verstaubt aus, meine Herren.

Die beiden wischen sich den Staub ab.

DER LEHRER Verzeihung. Wir mußten über eine alte Droschke klettern.
CLAIRE ZACHANASSIAN Habe mich in die Petersche Scheune zurückgezogen. Brauche Ruhe. Die Hochzeit eben im Güllener Münster ermüdete mich. Bin schließlich nicht mehr blutjung. Setzen sie sich auf das Faß.
DER LEHRER Danke schön.

Er setzt sich. Der Arzt bleibt stehen.

CLAIRE ZACHANASSIAN Schwül hier. Zum Ersticken. Doch ich liebe diese Scheune, den Geruch von Heu, Stroh und Wagenschmiere. Erinnerungen. All die Geräte, die Mistgabel, die Droschke, den zerbrochenen Heuwagen gab es schon in meiner Jugend.
DER LEHRER Ein besinnlicher Ort. *Er wischt sich den Schweiß ab.*

Friedrich Dürrenmatt (1921 – 1990)

3

Im folgenden Textauszug aus dem zweiten Akt findet ein Gespräch zwischen Claire und Ill statt. Beschreibe Ills Absichten und Verhalten in dieser Textstelle.

4

Charakterisiere die Art der Gesprächsführung von Ill und Claire.

5

Interpretiere die eben dargestellte Gesprächsführung sowie die Gesprächsanteile von Ill und Claire.

ILL Klara!

CLAIRE ZACHANASSIAN Alfred! Warum störst du denn die Leutchen?

ILL Ich fürchte mich, Klara.

CLAIRE ZACHANASSIAN Aber es ist freundlich von dir. Ich mag dieses ewige Gesinge nicht. Schon in der Schule war es mir verhaßt. Weißt du noch, Alfred, wie wir beide in den Konradsweilerwald liefen, wenn der gemischte Chor auf dem Rathausplatz übte und die Blasmusik?

ILL Klara. Sag doch, daß du Komödie spielst, daß dies alles nicht wahr ist, was du verlangst. Sag es doch!

CLAIRE ZACHANASSIAN Wie seltsam, Alfred. Diese Erinnerungen. Ich war auch auf einem Balkon, damals, als wir uns zum ersten Male sahen, es war ein Herbstabend wie jetzt, die Luft ohne Bewegung, nur hin und wieder ein Rascheln in den Bäumen im Stadtpark, heiß, wie es vielleicht jetzt auch heiß ist, aber mich friert es ja immer in der letzten Zeit. Und du standst da und du schautest hinauf zu mir, immerzu. Ich war verlegen und wußte nicht, was tun. Ich wollte hineingehen ins dunkle Zimmer und konnte nicht hineingehen.

ILL Ich bin verzweifelt. Ich bin zu allem fähig. Ich warne dich, Klara. Ich bin zu allem entschlossen, wenn du jetzt nicht sagst, daß alles nur ein Spaß ist, ein grausamer Spaß. *Er richtet das Gewehr auf sie.*

CLAIRE ZACHANASSIAN Und du gingst nicht weiter, unten auf der Straße. Du starrtest zu mir herauf, fast finster, fast böse, als wolltest du mir ein Leid antun, und dennoch waren deine Augen voll Liebe.

Ill läßt das Gewehr sinken.

CLAIRE ZACHANASSIAN Und zwei Burschen standen neben dir, Koby und Loby. Sie grinsten, da sie sahen, wie du zu mir hinaufstarrtest. Und dann verließ ich den Balkon und kam hinunter zu dir. Du hast mich nicht gegrüßt, du sagtest kein Wort zu mir, aber du hast meine Hand genommen, und so sind wir aus dem Städtchen gegangen, in die Felder hinein, und hinter uns wie zwei Hunde Koby und Loby. Und dann hast du Steine genommen vom Boden und nach ihnen geworfen, und sie sind jaulend in die Stadt zurückgerannt, und wir waren allein.

Vorne rechts kommt der Butler.

CLAIRE ZACHANASSIAN Führ mich in mein Zimmer, Boby. Ich habe dir zu diktieren. Muß schließlich eine Milliarde transferieren.

Friedrich Dürrenmatt (1921–1990)

Der Besuch der alten Dame

ILL Du hattest – ich meine, wir hatten ein Kind?

CLAIRE ZACHANASSIAN Gewiß.

ILL War es ein Bub oder ein Mädchen?

CLAIRE ZACHANASSIAN Ein Mädchen.

ILL Und was hast du ihm für einen Namen gegeben?

CLAIRE ZACHANASSIAN Geneviève.

ILL Hübscher Name.

CLAIRE ZACHANASSIAN Ich sah das Ding nur einmal. Bei der Geburt. Dann wurde es genommen. Von der christlichen Fürsorge.

ILL Die Augen?

CLAIRE ZACHANASSIAN Die waren noch nicht offen.

ILL Die Haare?

CLAIRE ZACHANASSIAN Schwarz, glaube ich, doch das sind sie ja oft bei Neugeborenen.

ILL Das ist wohl so.

Schweigen. Rauchen. Gitarre.

ILL Bei wem ist es gestorben?

CLAIRE ZACHANASSIAN Bei Leuten. Ich habe die Namen vergessen.

ILL Woran?

CLAIRE ZACHANASSIAN Hirnhautentzündung. Vielleicht auch etwas anderes. Ich erhielt eine Karte von der Behörde.

ILL Bei Todesfall kann man sich auf die verlassen.

Schweigen.

CLAIRE ZACHANASSIAN Ich erzählte dir von unserem Mädchen. Nun erzähl von mir.

ILL Von dir?

CLAIRE ZACHANASSIAN Wie ich war, als ich siebzehn war, als du mich liebtest.

ILL Mußte dich einmal lange suchen in der Peterschen Scheune, fand dich in der Droschke im bloßen Hemd mit einem langen Strohhalm zwischen den Lippen.

CLAIRE ZACHANASSIAN Du warst stark und mutig. Hast gegen den Eisebähnler gekämpft, der mir nachstrich. Ich wischte dir das Blut aus dem Gesicht mit meinem roten Unterrock.

Das Gitarrenspiel schweigt.

CLAIRE ZACHANASSIAN Die Ballade ist zu Ende.
ILL Noch ,O Heimat süß und hold'.
CLAIRE ZACHANASSIAN Kann Roby auch.

Neues Gitarrenspiel.

ILL Nun ist es soweit. Wir sitzen zum letzten Mal in unserem bösen Wald voll Kuckuck und Windesrauschen.

Die Bäume bewegen ihre Äste.

ILL Heute abend versammelt sich die Gemeinde. Man wird mich zum Tode verurteilen, und einer wird mich töten. Ich weiß nicht, wer er sein wird und wo es geschehen wird, ich weiß nur, daß ich ein sinnloses Leben beende.
CLAIRE ZACHANASSIAN Ich liebte dich. Du hast mich verraten. Doch den Traum von Leben, von Liebe, von Vertrauen, diesen einst wirklichen Traum habe ich nicht vergessen. Ich will ihn wieder errichten mit meinen Milliarden, die Vergangenheit ändern, indem ich dich vernichte.
ILL Ich danke dir für die Kränze, die Chrysanthemen und Rosen.

Erneutes Windesrauschen.

ILL Machen sich schön auf dem Sarg im Goldenen Apostel. Vornehm.
CLAIRE ZACHANASSIAN Ich werde dich in deinem Sarg nach Capri bringen. Ließ ein Mausoleum errichten im Park meines Palazzos. Von Zypressen umgeben. Mit Blick aufs Mittelmeer.
ILL Kenne ich nur von Abbildungen.
CLAIRE ZACHANASSIAN Tiefblau. Ein grandioses Panorama. Dort wirst du bleiben. Bei mir.
ILL Nun ist auch ,O Heimat süß und hold' zu Ende.

Gatte IX kommt zurück.

CLAIRE ZACHANASSIAN Der Nobelpreisträger. Kommt von seiner Ruine. Nun, Zoby?
GATTE IX Frühchristlich. Von den Hunnen zerstört.
CLAIRE ZACHANASSIAN Schade. Deinen Arm. Die Sänfte, Roby und Toby.

Sie besteigt die Sänfte.

CLAIRE ZACHANASSIAN Adieu, Alfred.
ILL Adieu, Klara.

Friedrich Dürrenmatt (1921–1990)

Verfasse einen Interpretationsaufsatz zu dieser Textstelle mit folgender dreiteiliger Aufgabenstellung:

1

Lege kurz dar, was man wissen muss, um die vorliegende Textstelle zu verstehen.

2

Arbeite aus der Textstelle heraus, wie Claire und Ill am Ende ihrer Beziehung zueinander stehen und wie sie den bevorstehenden Tod Ills bewerten.

3

Stelle – ausgehend von der vorliegenden Textstelle – dar, wie sich das Verhältnis von Claire und Ill im Verlauf der im Stück sichtbar werdenden Handlung entwickelt.

Hinweise

- Beachte, dass du nicht nur den drei einzelnen Arbeitsanweisungen folgst, sondern daraus einen zusammenhängenden Aufsatz mit einer entsprechenden Einleitung machst.
- Der zweiten Arbeitsanweisung solltest du den größten Raum geben, der ersten den kleinsten. Ob du das Drama gut verstanden hast, zeigst du mit nachvollziehbaren Darstellungen zur dritten Arbeitsanweisung.
- Deine Ausführungen zur zweiten Arbeitsanweisung solltest du gut belegen (Zitate, Zeilenangaben etc.). Für die erste Arbeitsanweisung ist das nicht nötig.
  Bei der Bearbeitung der dritten Arbeitsanweisung solltest du relevante Textstellen ansprechen, in der Regel musst du aber nicht einzelne Zitate oder Passagen angeben.

5.6 Checkliste: Analytische Interpretation

Diese Checkliste gilt für alle Textsorten.

Vorarbeiten

1. Du hast dir die Aufgabenstellung ganz genau durchgelesen. Vielleicht war es hilfreich, wenn du wichtige Signalwörter der Aufgabenstellung markiert hast. ☐

2. Du hast dich eingehend mit dem vorliegenden Text beschäftigt und deine Beobachtungen am Rand oder auf Konzeptpapier notiert. ☐

3. Je nach Textsorte hast du dir insbesondere Notizen gemacht zu:
   a) Inhalt und Thematik
   b) Erzählperspektive
   c) Charakterisierung der Personen
   d) Ort und Zeit der Handlung
   e) Sprache
   f) Form

   Du hast unterschiedliche Farben verwendet, wenn du diese systematisch einsetzen konntest, beispielsweise, um Begriffe eines Wortfeldes zu kennzeichnen. ☐

4. Du hast Zusammenhänge zwischen deinen Beobachtungen hergestellt und diese verschiedenen Kategorien zugeordnet. ☐

Gliederung

1. Der Gliederungsentwurf deines Aufsatzes geht über die Grobgliederung (Einleitung – Hauptteil – Schluss) hinaus. Du hast vor allem darauf geachtet, einen schlüssigen Aufbau für den Hauptteil zu entwickeln. ☐

2. Du hast dich anhand deiner Gliederung abgesichert, dass in deinen Ausführungen keine unnötigen Doppelungen vorkommen. ☐

3. Du hast dir überlegt, an welchen Stellen du Zwischenergebnisse formulieren kannst bzw. willst. ☐

Aufbau

1. In der Einleitung hast du den Text gekennzeichnet und seine Thematik benannt. Dabei hilft dir die TATT-Formel. ☐

2. Du hast daran gedacht, dass bei der Interpretation einer Textstelle aus einer Ganzschrift auf die Einleitung eine Einordnung dieser Textstelle in den Gesamtzusammenhang der Ganzschrift folgt. ☐

3. Im Hauptteil, dem wichtigsten Teil deines Aufsatzes, hast du deinen Analyse- und Interpretationsprozess dargelegt. Für einen klaren Textbezug ist es wichtig, dass du alle Deutungen mit Zitaten belegt hast. ☐

4. Der Schluss fasst deine Ergebnisse zusammen. Du hast nochmals Bezug auf vorher formulierte Zwischenergebnisse genommen. Du weißt, dass du am Ende deiner Arbeit auch eine persönliche Bewertung abgeben kannst. ☐

Textgestaltung/Sprache

1. Du hast deine Ausführungen in jedem Fall mit passenden Textstellen belegt. Du kannst mit einer Zeilen- oder Seitenangabe (vgl. Z. … / siehe S. …) auf eine Belegstelle verweisen. ☐

2. Du hast mit treffenden Zitaten gearbeitet und darauf geachtet, nach Möglichkeit das Zitieren längerer Passagen zu vermeiden. Die Angabe der Belegstelle hast du grundsätzlich nachgestellt („[Zitat]", Z. …).
   Du hast versucht, einzelne Begriffe, Wendungen oder Teilsätze aus dem vorliegenden Text als Zitate direkt in deine Ausführungen einzubauen. ☐

3. Besonders wichtige Sätze bzw. Verse hast du zitiert, indem du diese mit einem Doppelpunkt an deinen Satz angeschlossen oder sie insgesamt in Klammern gesetzt hast. Dabei werden Versgrenzen mit einem Schrägstrich („/") gekennzeichnet. ☐

4. Deine Belegstellen und Zitate haben nicht selbst formulierte Gedanken oder Ergebnisse ersetzt. ☐

5. Du hast darauf geachtet, nicht in der Umgangssprache zu formulieren und möglichst treffende Verben, Adjektive und Begriffe (auch Fachbegriffe) zu verwenden. ☐

6. Du lässt deinen Leser an deinem Gedankengang teilhaben. Es kann sinnvoll sein, anzudeuten, wieso du in einer bestimmten Weise vorgegangen bist. ☐

7. Du hast dir klargemacht, dass dein Aufsatz den Vorgang deiner Interpretation widerspiegeln soll: Du hast deutlich gemacht, dass du aus einer eingehenden Textuntersuchung zu einer Deutung gelangt bist. ☐

Gestaltende Interpretation literarischer Texte

Start

In diesem Wortgitter sind fünf Begriffe versteckt, die Formen der gestaltenden Interpretation beschreiben. Finde sie.

A	I	N	O	P	A	I	N	N	E	R	E	R
M	O	N	O	L	O	G	Z	U	R	E	T	
K	T	I	O	N	S	T	R	D	E	R	B	F
E	R	A	B	R	I	E	F	G	R	O	S	T
Z	T	E	T	A	G	E	B	U	C	H	E	I
N	T	R	A	G	N	N	E	N	P	R	I	E
S	O	A	N	M	E	E	T	D	I	A	L	O
G	D	A	M	N	A	R	T	I	O	N	R	E
O	R	E	D	E	I	O	N	F	Ü	R	O	T
P	R	A	K	U	N	N	E	S	A	T	R	D

Die gestaltende Interpretation

Die gestaltende Interpretation unterscheidet sich in ihrer Form der Auseinandersetzung mit literarischen Texten wesentlich von der analytischen Interpretation.
Bei der herkömmlichen Interpretation analysierst du einen Text, indem du den Handlungsverlauf und die Personenkonstellation detailliert beschreibst und Originaltextstellen (Zitate) in deine Argumentation als Belege einarbeitest.
Im Gegensatz dazu kommt es bei der gestaltenden Interpretation darauf an, den Text unter einem besonderen Blickwinkel wiederzugeben, zu ergänzen oder fortzusetzen. Häufig wirst du aufgefordert, zu einem bestimmten Zeitpunkt der Handlung auf das Geschehen zurückzublicken. Vielfach wird auch eine „Lücke" ausgenutzt, d. h. du sollst beispielsweise einen Brief schreiben, obwohl der Autor davon nichts erzählt hat.
Es wäre auch möglich, dass du ein Gespräch entwerfen sollst, selbst wenn die beteiligten Figuren niemals im Text aufeinander getroffen sind. Diese nachträglichen Betrachtungsmomente kannst du nur dann sinnvoll ausfüllen, wenn du vorher den Text genau gelesen und erfasst hast. Eine gelungene gestaltende Interpretation ist nämlich keineswegs beliebig, sondern greift inhaltliche und sprachliche Aspekte auf und verarbeitet diese. Durch deinen gestaltenden Text weist du nach, wie du die Vorlage analysiert und interpretiert hast.

Die gestaltende Interpretation erfordert ein hohes Maß an **Kreativität** und **Einfühlungsvermögen** in literarische Figuren sowie **vorgegebene Schreibsituationen**.
Grundsätzlich gibt es für die Gestaltung fünf verschiedene Textsorten: **Brief, innerer Monolog, Tagebucheintrag, adressatengebundene Rede** und die **szenische Umsetzung (Dialog)**.
Auf Grund dieser Textsorten ist die gestaltende Interpretation an **Kurzprosa, Romane** und **Dramen** gebunden. Darüber hinaus kann sie natürlich auch an Sachtexte in Form einer gestaltenden Erörterung gekoppelt werden.

In den folgenden Kapiteln erhältst du einen Überblick über die besonderen Anforderungen der einzelnen Textsorten. Anhand der literarischen Gattungen kannst du systematisch deine Fähigkeiten trainieren.

6 Kurzprosa gestaltend interpretieren

6.1 Der Brief

Jede Geschichte bietet im Hinblick auf eine mögliche Aufgabenstellung unterschiedliche Anknüpfungspunkte, sodass manchmal ein Brief, in einem anderen Fall eher ein Tagebucheintrag passend erscheint. Jede dieser Textformen hat ihre eigenen Anforderungen.

Jeder Brief enthält eine **Datumsangabe**.

Der Brief beginnt mit einer **Anrede** („Lieber / Sehr geehrter …") und endet mit einer **Grußformel** („In ewiger Verbundenheit", „Mit freundlichen Grüßen …").
Der Brief ist an einen **bestimmten Adressaten** gerichtet. Daher ist entscheidend, das **Verhältnis des Schreibers zum Adressaten** des Briefes genau zu erfassen. Dieses prägt nicht nur Anrede und Grußformel, sondern den gesamten Stil des Schreibens.

Grundsätzlich kann man zwischen zwei Varianten unterscheiden. Wenn sich die Figuren gut kennen, solltest du einen **vertrauensvollen Ton** anschlagen und **„du" als Anrede** verwenden. Besteht ein distanziertes Verhältnis, solltest du einen **höflich-zurückhaltenden Stil** benutzen und den Adressaten mit **„Sie"** ansprechen.

Das Bild der Schlacht am Isonzo

Auch der Maler war in der Schlacht gewesen; bald danach fertigte er ein Gemälde an, auf dem er darstellte, was er gesehen hatte: Im Vordergrund lagen Sterbende, denen die Gedärme aus den aufgerissenen Leibern quollen, und Leichen, über die Pferde und Tanks weggegangen, dass bloß blutiger Brei geblieben, geschmückt mit Knochensplittern. Dahinter stürmten die Soldaten der gegnerischen Heere aufeinander zu, in besudelten Uniformen, angstverzerrt die Gesichter. Im Hintergrund, unterhalb des Befehlsstandes, waren Offiziere dabei, Weiber zu schwängern, Kognak zu saufen und die Ausrüstung ganzer Kompanien für gutes Geld zu verhökern.

Dies war das Bild, und es hing im Atelier des Malers, als ein Besucher erschien, der sich porträtieren lassen wollte und durch Wesen und Benehmen sich als alter General zu erkennen gab. Er erschrak vor dem Bild.
So sei die Schlacht nie gewesen, rief er, das Bild lüge! Sein blinzelnder Blick fuhr kreuz und quer das Werk ab und entdeckte dabei hinter dem zerschmetterten Schädel eines Toten eine kleine Gestalt, die trommelnd und singend und mit kühn verschobenem Helm aufs Schlachtfeld lief. Dieses Detail kaufte der General, ließ es aus dem Gemälde schneiden und einrahmen: Damit künftige Generationen sich ein Bild machen könnten von der großen Schlacht am Isonzo.

Günter Kunert (*1929)

Du kannst dir sicherlich vorstellen, dass der Maler noch lange an diese Begegnung denken muss. Schließlich schreibt er dem General einen Brief. Bevor du den Brieftext formulierst, solltest du die Bedingungen für den „Rahmen“ des Briefes klären. Die ersten drei Aufgaben helfen dir dabei.

1

Suche im Text bei der Beschreibung des Krieges nach Hinweisen, die dir bei der Datierung helfen könnten.

2

Wie ist das Verhältnis des Malers zu dem Adressaten des Briefes? Welche Anredeformen bzw. welcher Schreibstil ergibt sich daraus?

3

Trage in eine Tabelle die im Text beschriebenen unterschiedlichen Wahrnehmungen des Malers und des Generals während der Schlacht ein.

4

Überlege, was der Maler mit seinem Brief beabsichtigen könnte.

5

Schreibe nun den Brief und formuliere für den Briefanfang in einem Satz an den General, warum dem Maler die Begegnung nicht aus dem Kopf geht.

6

Wähle eine Grußformel für den Abschluss des Briefes.

6.2 Der innere Monolog

Nicht immer passt ein Brief als Aufgabenstellung zu einer Kurzgeschichte, besonders dann nicht, wenn es unwahrscheinlich ist, dass die Beteiligten in Briefform kommunizieren. Oft wird man sich auch selbst erst über ein Problem Klarheit verschaffen müssen, bevor man sich einem anderen mitteilt. Für eine solche Situation bietet sich der innere Monolog an.

Ein innerer Monolog ist eine **personale Erzählform**, d.h., er wird aus der **Ich-Perspektive** einer Figur geschrieben. Daraus ergibt sich, dass der Erzähler nicht über alle Informationen aus dem Text verfügt, sondern aus einem eingeschränkten Blickwinkel das Geschehen betrachtet.
Dafür schärft der innere Monolog den Blick für die **Gedanken und Gefühle einer Figur**, die er oder sie vor sich selbst offen legt.
Da es sich um die Gedanken zu einem bestimmten vorgegebenen Zeitpunkt handelt, musst du den inneren Monolog im **Präsens** verfassen. Dadurch entsteht beim Leser der Eindruck, als ob er unmittelbar die innere Handlung miterlebt.
Die **sprachlich-stilistischen Merkmale** der Textvorlage bzw. einer Figur sollten in der gestaltenden Interpretation aufgegriffen werden.

Happy end

Sie umarmen sich, und alles ist wieder gut. Das Wort ENDE flimmert über ihrem Kuss. Das Kino ist aus. Zornig schiebt er sich zum Ausgang, sein Weib bleibt im Gedränge hilflos stecken, weit hinter ihm. Er tritt auf die Straße und bleibt nicht stehen, er geht, ohne zu warten, er geht voll Zorn, und die Nacht ist dunkel. Atemlos, mit kleinen, verzweifelten Schritten holt sie ihn ein, holt ihn schließlich ein und keucht zum Erbarmen. Eine Schande, sagt er im Gehen, eine Affenschande, wie du geheult hast. Sie keucht. Mich nimmt nur wunder warum, sagt er. Sie keucht. Ich hasse diese Heulerei, sagt er, ich hasse das. Sie keucht noch immer. Schweigend geht er und voll Wut, so eine Gans, denkt er, so eine blöde, blöde Gans, und wie sie keucht in ihrem Fett. Ich kann doch nichts dafür, sagt sie endlich, ich kann doch wirklich nichts dafür, es war so schön, und wenn es schön ist, muss ich einfach heulen. Schön, sagt er, dieser Mist, dieses Liebesgewinsel, das nennst du also schön, dir ist ja wirklich nicht zu helfen. Sie schweigt und geht und keucht und denkt, was für ein Klotz von Mann, was für ein Klotz.

Kurt Marti (*1921)

Nachts im Bett kann die Frau lange nicht einschlafen, da ihr der Kinobesuch immer noch im Kopf herumgeht. Versetze dich in ihre Situation und verfasse einen inneren Monolog, in dem sie über den Abend, sich selber und ihre Beziehung nachdenkt.
Um diesen inneren Monolog inhaltlich zu gestalten, gehst du am besten schrittweise vor:

1
Markiere mit einer jeweils anderen Farbe im Text, was der Erzähler uns über die Reaktionen und Gefühle des Mannes und der Frau mitteilt.

2
Überlege, mit welchen Erwartungen das Paar ins Kino gegangen ist. Wer könnte den Vorschlag für den Kinobesuch dieses Filmes gemacht haben?

3
Was sagen die geschilderten Reaktionen, Gedanken und Gefühle über das Verhältnis der beiden aus?

4
Welche Bedeutung misst die Frau dem Kinobesuch bei?

5
Wie könnte sich das Verhältnis der beiden durch den Kinobesuch verändern?

6
Hinsichtlich der sprachlich-stilistischen Eigenheiten der Textvorlage bzw. der Figur der Frau solltest du folgende Fragen untersuchen:

a) Welche Auffälligkeiten weist der Satzbau auf?

b) Welches rhetorische Mittel verwendet Marti durchgehend für die Äußerungen bzw. Gedanken der Frau?

7
Verfasse nun an Stelle der Frau ihren inneren Monolog!

6.3 Der Tagebucheintrag

Ähnlich wie beim inneren Monolog zeichnet sich der Tagebucheintrag durch den eingeschränkten Blickwinkel der Ich-Perspektive einer Figur aus. Auch Gedanken und Gefühle sind wichtige charakteristische Bestandteile eines Tagebuches.

Spezifisch für das Tagebuch als Textsorte gilt:
Jeder Eintrag beginnt mit einer **Datumsangabe**.

Vielfach wird das Tagebuch als **Gesprächspartner direkt angeredet** (z. B. „Liebes Tagebuch“) bzw. als **Gegenüber gesucht** („du“).

Unter der Annahme, dass das Tagebuch regelmäßig geführt wird, kann man sich auf fiktiv bestehende Einträge beziehen (z. B. „wie ich dir schon vor Wochen geschildert habe“).

Das Ende eines Eintrages kann **offen** bleiben, da das Geschehen nicht abgeschlossen sein muss und möglicherweise in einem weiteren Eintrag wieder aufgegriffen wird.

Der Tagebucheintrag sollte im **Perfekt bzw. Präteritum** verfasst werden.

Der Ernst des Lebens

In der lethargischen Stunde zwischen zwei und drei lag ich auf dem Sofa im Wohnzimmer, die Hände unterm Kopf verschränkt, hinüberstarrend auf den Farbdruck an der Wand, der Hannibals Grab darstellte. Unter einem graubraunen, wuchtigen, weit verzweigten Baum erhob sich ein Steinhaufen und daneben stand ein alter Schäfer, sinnend auf seinen Stab gestützt, und vor ihm, im wilden, trockenen Gras, weidete die Herde der Schafe. Das Fenster zur Straße stand offen, draußen staubte weißes Sonnenlicht, vom Tennisplatz an der gegenüberliegenden Straßenseite tönten träge, dumpfe Ballschläge. Zuweilen summte dicht unterm Fenster ein Auto vorbei oder eine Radglocke klingelte. Der Gedanke an die Stadt draußen belebte mich, ich sah die langen breiten Straßenzüge vor mir, die riesigen, von gebeugten, steinernen Sklaven getragenen Häuser, die Schlösser, Museen, Monumente und Türme, die Hochbahnen auf ihren Brücken und die unterirdischen Bahnen, mit ihrem Gedränge und ihren klappernden Reklameschildern. Schon wollte ich aufstehen, da stand meine Mutter vor mir, nie merkte ich, wenn sie ins Zimmer kam, immer erschien sie plötzlich mitten im Zimmer, wie aus dem Boden hervorgewachsen, den Raum mit ihrer Allmacht beherrschend. Hast du deine Aufgaben gemacht, fragte sie und ich sank zurück in meine Müdigkeit. Noch einmal fragte sie, bist du schon fertig mit deinen Aufgaben. Aus meiner dumpfen Lage heraus antwortete ich, ich mache sie später. Sie aber rief, du machst sie jetzt. Ich mache sie nachher, sagte ich in einem schwachen Versuch des Widerspruchs. Da hob sie, wie in einem Wappenschild, die Faust und rief ihren Wappenspruch: Ich dulde keinen Widerspruch. Dicht trat sie an mich heran und ihre Worte fielen wie Steine auf mich herab, du musst büffeln und wieder büffeln, du hast noch ein paar Jahre, dann wirst du ins Leben hinaustreten, und dazu musst du etwas können, sonst gehst du zugrunde. Sie zog mich an meinen Schreibtisch zu den Schulbüchern. Du darfst mir keine Schande machen, sagte sie. Ich leide schlaflose Nächte deinetwegen, ich bin verantwortlich für dich, wenn du nichts kannst, dann fällt das alles auf mich zurück, leben heißt arbeiten, arbeiten und arbeiten und immer wieder arbeiten. Dann ließ sie mich allein. Neben mir auf einem Brett stand das Modell einer Stadt, das ich mir aus Papier und Zellophan, aus Drähten und Stäben erbaut hatte. Nach meinen zerstörerischen Spielen war dies der erste konstruktive Versuch. Es war eine Zukunftsstadt, eine utopische Metropole, doch sie war unvollendet, skeletthaft, ich wusste plötzlich, dass ich daran nicht weiterbauen würde, ich sah nur noch ein zerknittertes, leimdurchbröckeltes Papier und alles war verbogen und zerbrechlich, man konnte es mit einem Atemzug umblasen. Ich musste nach anderen Mitteln des Ausdrucks suchen. Während ich über meinem Tagebuch brütete, öffnete sich die Tür und mein Vater trat ein. Er sah mich am Schreibtisch hocken, bei irgendwelchen Beschäftigungen, an denen er nie teilnehmen durfte, er sah, wie hastig etwas in der Schublade verschwand. Was treibst du denn da, fragte er. Ich mache meine Schulaufgaben, sagte ich. Ja, darüber wollte ich gern mit dir sprechen, sagte er. Eine peinliche Spannung trat ein, wie immer bei solchen Gesprächen. Du bist jetzt alt genug, sagte er, dass ich einmal mit dir über Berufsfragen sprechen muss. Wie denkst du dir eigentlich deine Zukunft. Ich konnte auf diese quälende Frage nichts antworten. Mit einer Stimme, die verständnisvoll sein wollte und die etwas von einem Gespräch von Mann zu Mann hatte, sagte er, ich schlage vor, dass du in die Handelsschule eintrittst und dann in mein Kontor kommst. Ich murmelte etwas davon, dass ich erst noch die Schule absolvieren wollte, damit konnte ich immerhin etwas Zeit gewinnen. Mein Vater sagte, jetzt mit wachsender Ungeduld, dazu scheinst du doch kaum zu taugen, ich glaube nicht, dass du begabt genug dazu bist, und zum Studieren fehlt dir jede Ausdauer, du gehörst ins praktische Berufsleben. Sein Gesicht war grau und vergrämt. Wenn man vom Leben sprach, musste man grau und vergrämt sein. Leben war Ernst, Mühe, Verantwortung. Mein Gesicht, das Gesicht eines Nichtskönners und Tagediebs, verzog sich zu einem verlegenen stereotypen Grinsen. Gekränkt sagte meine Vater, du brauchst gar nicht zu lachen, das Leben ist kein Spaß, es wird Zeit, dass du einmal wirklich arbeiten lernst. Vielleicht spürte er eine Regung von Zärtlichkeit für mich, doch als er meinen schiefen, feindlichen Blick sah, musste er sich hart machen und seinen festen Willen zeigen. Mit der flachen Hand schlug er auf den Tisch und rief, wenn dieses Schuljahr zu Ende ist, dann ist Schluss mit den Träumereien, dann wirst du dich endlich der Realität des Daseins widmen.

Peter Weiss (1916–1982)

In seinem fiktiven Tagebuch setzt sich der Erzähler kritisch mit sich selbst und seinen Eltern auseinander. Dabei denkt er insbesondere darüber nach, welches seine eigenen Vorstellungen sind, die er seinen Eltern aber noch nie dargelegt hat.
Schreibe zu dem Text von Peter Weiss eine gestaltende Interpretation in Form eines Tagebucheintrags. Orientiere dich dabei an folgenden Schritten:

1

Fertige eine Skizze an, um die Figurenkonstellation in der Familie grafisch aufzuarbeiten. Charakterisiere stichwortartig den Ich-Erzähler (Alter, Gedanken- und Gefühlswelt, Einstellung zur Schule).
Notiere zu den Eltern, welche Vorstellungen vom Leben diese haben und welche Erwartungen sie laut Textvorlage an den Ich-Erzähler stellen.

2

Erstelle eine Liste von möglichen Antworten, die der Erzähler auf konkret formulierte Vorstellungen der Eltern geben könnte. Ordne einzelne Punkte den Erwartungen bzw. den beiden Gesprächen mit seiner Mutter und seinem Vater zu.

3

Arbeite am Text heraus, warum der Erzähler diese Entgegnungen bislang unterlassen hat, indem du die (Körper-)sprache der Eltern betrachtest.

4

In sprachlich-stilistischer Hinsicht dürfte der Tagebucheintrag sehr ähnlich wie die Textvorlage sein, da es sich beide Male um Ausführungen des Ich-Erzählers handelt.
Welche Merkmale sind beim Satzbau besonders auffällig?

5

Wie geht der Erzähler mit direkter Rede um?

6

Schreibe nun an Stelle des Erzählers in der Ich-Form in das Tagebuch, was du unmittelbar nach der Begegnung mit der Mutter denkst und fühlst und wie du dein Verhältnis zu ihr empfindest.

Die Tochter

Abends warteten sie auf Monika. Sie arbeitete in der Stadt, die Bahnverbindungen sind schlecht. Sie, er und seine Frau, saßen am Tisch und warteten auf Monika. Seit sie in der Stadt arbeitete, aßen sie erst um halb acht. Früher hatten sie eine Stunde eher gegessen. Jetzt warteten sie täglich eine Stunde am gedeckten Tisch, an ihren Plätzen, der Vater oben, die Mutter auf dem Stuhl nahe der Küchentür, sie warteten vor dem leeren Platz Monikas. Einige Zeit später dann auch vor dem dampfenden Kaffee, vor der Butter, dem Brot, der Marmelade.

Sie war größer gewachsen als sie, sie war blonder und hatte die Haut, die feine Haut der Tante Maria. „Sie war immer ein liebes Kind", sagt die Mutter, während sie warteten.
In ihrem Zimmer hatte sie einen Plattenspieler und sie brachte oft Platten mit aus der Stadt, und sie wusste, wer darauf sang. Sie hatte auch einen Spiegel und verschiedene Fläschchen und Döschen, einen Hocker aus marokkanischem Leder, eine Schachtel Zigaretten.
Der Vater holte sich seine Lohntüte auch bei einem Bürofräulein. Er sah dann die vielen Stempel auf einem Gestell, bestaunte das sanfte Geräusch der Rechenmaschine, die blondierten Haare des Fräuleins, sie sagte freundlich „Bitte schön", wenn er sich bedankte.
Über Mittag blieb Monika in der Stadt, sie aß eine Kleinigkeit, wie sie sagte, in einem Tearoom. Sie war dann ein Fräulein, das in Tearooms lächelnd Zigaretten raucht.
Oft fragten sie sie, was sie alles getan habe in der Stadt, im Büro. Sie wusste aber nichts zu sagen.
Dann versuchten sie wenigstens, sich genau vorzustellen, wie sie beiläufig in der Bahn ihr rotes Etui mit dem Abonnement aufschlägt und vorweist, wie sie den Bahnsteig entlang geht, wie sie sich auf dem Weg ins Büro angeregt mit Freundinnen unterhält, wie sie den Gruß eines Herrn lächelnd erwidert.
Und dann stellten sie sich mehrmals vor in dieser Stunde, wie sie heimkommt, die Tasche und ein Modejournal unter dem Arm, ihr Parfum; stellten sich vor wie sie sich an ihren Platz setzt, wie sie dann zusammen essen würden.
Bald wird sie sich in der Stadt ein Zimmer nehmen, das wussten sie, und dass sie dann wieder um halb sieben essen würden, dass der Vater nach der Arbeit wieder seine Zeitung lesen würde, dass es dann kein Zimmer mehr mit Plattenspieler gäbe, keine Stunde des Wartens mehr. Auf dem Schrank stand eine Vase aus blauem schwedischem Glas, eine Vase aus der

Stadt, ein Geschenkvorschlag aus dem Modejournal.
„Sie ist wie deine Schwester“, sagte die Frau, „sie hat das alles von deiner Schwester. Erinnerst du dich, wie schön deine Schwester singen konnte.“
„Andere Mädchen rauchen auch“, sagte die Mutter.
„Ja“, sagte er, „das habe ich auch gesagt.“
„Ihre Freundin hat kürzlich geheiratet“, sagte die Mutter.
Sie wird auch heiraten, dachte er, sie wird in der Stadt wohnen.
Kürzlich hatte er Monika gebeten: „Sag mal etwas auf französisch.“ – „Ja“, hatte die Mutter wiederholt, „sag mal etwas auf französisch.“ Sie wusste aber nichts zu sagen.
Stenographieren kann sie auch, dachte er jetzt. „Für uns wäre das zu schwer“, sagten sie oft zueinander.
Dann stellte die Mutter den Kaffee auf den Tisch. „Ich habe den Zug gehört“, sagte sie.

Peter Bichsel (*1935)

Am folgenden Tag, während sie erneut auf Monika warten, denkt die Mutter über ihre Beziehung zu ihrer Tochter und zu ihrem Mann nach. Versetze dich in ihre Situation und überlege, was in ihr während des Wartens vorgeht. Schreibe in Form eines inneren Monologes.

7 Ganzschriften gestaltend interpretieren

Bei einer gestaltenden Interpretation von literarischen Ganzschriften (Romane oder Dramen) werden dir ähnliche bzw. identische Aufgaben gestellt, wie du sie bei den Kurzprosa-Texten kennen gelernt hast. Allerdings musst du viel mehr Informationen über die Handlung, die Figuren und deren Erleben verarbeiten. Das bedeutet, dass – im Gegensatz zu der dir unbekannten Kurzgeschichte – die gestaltende Interpretation der Ganzschrift ohne eine vorherige gute und vertiefte Kenntnis des gesamten Textes nicht möglich ist.

In der Regel wirst du die entsprechenden Romane oder Dramen im Unterricht behandelt haben, sodass es dir einigermaßen leicht fallen dürfte, aus der Perspektive einer Figur zu schreiben oder das Zusammentreffen zweier Personen dialogisch auszugestalten.

Im folgenden Kapitel ist es jedoch nicht notwendig, dass du den Ursprungstext von meist über einhundert Seiten vollständig gelesen hast. Bei den Beispielen sind zentrale Textstellen für dich bereits so zusammengestellt, dass du ohne Vorkenntnis der Ganzschrift die Aufgabe bearbeiten und deine Fähigkeiten trainieren kannst.

7.1 In einen Zeitungstext umformen

Nicht immer wird im Zusammenhang mit literarischen Texten von dir verlangt, einen parallelen Text zu schreiben, den man auch wiederum als literarisches Erzeugnis verstehen könnte.
Häufig ist in der Aufgabenstellung auch gefordert, dass du deine Beobachtungen in einer anderen Textsorte formulierst, die ihre eigenen Gesetzmäßigkeiten hat.

Zeitungstexte muss man hinsichtlich ihrer Funktion und der Art der Zeitung, in der sie erscheinen, unterscheiden. Die wichtigsten Textsorten jeder Zeitung sind **Berichte, Kommentare und Reportagen**.

Berichte sind **informierende Texte**, die sich auf die Beantwortung der W-Fragen (Wer? Was? Wann? Warum?) beschränken, ohne eine Meinungsäußerung zu enthalten.

Kommentare setzen dagegen solche Inhalte voraus und **bewerten** die Vorgänge aus einer **bestimmten Perspektive**.

Reportagen sind meist längere Texte und stellen eine **Mischform aus Information und Bewertung** dar. Sie stellen häufig ein Einzelschicksal in den Vordergrund, um einen Bericht zu konkretisieren oder an einem Beispiel zu vertiefen.

Man unterscheidet aber auch zwischen **seriösem Journalismus** und **Boulevardzeitungen**.
Seriöse Zeitungen wie z. B. die „Frankfurter Allgemeine Zeitung" pflegen einen **ausgeprägt sachlichen Stil**. Sie fühlen sich der **Objektivität** und **Wahrheit** verpflichtet.
Boulevardblätter wie z. B. die „Bild-Zeitung" scheuen sich nicht, Ereignisse aufzubauschen oder sogar Tatsachen bzw. Aussagen zu verdrehen. Sie neigen zu einer **dramatisierenden Sprache**. Dies drückt sich vor allem durch die Wahl ihrer **Adjektive**, **Verben** und durch **zusammengesetzte Substantive (Komposita)** aus.

In der Erzählung „Die verlorene Ehre der Katharina Blum" beschreibt der Schriftsteller Heinrich Böll die Schwierigkeiten seiner Hauptfigur mit einer Boulevardzeitung, deren Methoden und Machenschaften denjenigen der „Bild-Zeitung" nachempfunden sind.
Nachdem Katharina Blum eine Nacht mit einem mutmaßlichen Kriminellen verbracht hat, werden sie, ihre Familie und ihre Bekannten systematisch von der ZEITUNG verfolgt und gesellschaftlich zugrunde gerichtet. Als ihre todkranke Mutter nach dem Besuch eines Journalisten stirbt, erschießt sie den Reporter Tötges.

Die verlorene Ehre der Katharina Blum

(…)
Die Tatsachen, die man vielleicht zunächst einmal darbieten sollte, sind brutal: am Mittwoch, dem 20.2.1974, am Vorabend vor Weiberfastnacht, verlässt in einer Stadt eine junge Frau von siebenundzwanzig Jahren abends gegen 18.45 Uhr ihre Wohnung, um an einem privaten Tanzvergnügen teilzunehmen.
Vier Tage später, nach einer (…) dramatischen Entwicklung, am Sonntagabend um fast die gleiche Zeit – genauer gesagt gegen 19.04 –, klingelt sie an der Wohnungstür des Kriminaloberkommissars Walter Moeding (…) und gibt dem erschrockenen Moeding zu Protokoll, sie habe mittags gegen 12.15 in ihrer Wohnung den Journalisten Werner Tötges erschossen (…)

[Verdachtsmomente gegen Katharina; Anm. des Verfassers] Immerhin hat diese Katharina Blum innerhalb von fünf Jahren in eine Eigentumswohnung im Wert von insgesamt einhunderttausend Mark sechzigtausend bar investiert, es gibt da also – wie ihr Bruder, der zur Zeit eine geringfügige Freiheitsstrafe abbüßt, es ausdrückte – was „Handfestes abzustauben“.

Von dem Augenblick an, da sie die Woltersheimsche Wohnung [Anm. des Verfassers: die Party bei ihrer Patentante] betrat, wurden die Ermittlungen erleichtert, weil Katharina von 19.25 Uhr an, ohne es zu ahnen, unter polizeilicher Beobachtung stand. Den ganzen Abend über, von 19.30 bis 22.00 Uhr, bevor sie mit diesem die Wohnung verließ, hatte sie „ausschließlich und innig“, wie sie selber später aussagte, mit einem gewissen Ludwig Götten getanzt.

Sicher ist, dass die Wohnung von Katharina streng überwacht wurde, und als bis 10.30 Uhr am Donnerstagmorgen weder telefoniert worden war, noch Götten die Wohnung verlassen hatte, drang man, (…) mit acht schwerbewaffneten Polizeibeamten in die Wohnung ein, stürmte sie regelrecht unter strengsten Vorsichtsmaßregeln, durchsuchte sie, fand aber Götten nicht mehr, lediglich die „äußerst entspannt, fast glücklich wirkende“ Katharina (…).

Da sie dauernd fragte „Aber wieso, wieso denn, was habe ich denn verbrochen“, wurde ihr schließlich von der Kriminalbeamtin Pletzer in höflicher Form mitgeteilt, dass Ludwig Götten ein lange gesuchter Bandit sei, des Bankraubes fast überführt und des Mordes und anderer Verbrechen verdächtig.

Inzwischen waren die Hausbewohner vernommen worden, von denen der größte Teil wenig oder gar nichts über Katharina Blum aussagen konnte; man habe sie gelegentlich im Aufzug getroffen, sich begrüßt, wisse, dass ihr der rote Volkswagen gehöre; man habe sie für eine Chefsekretärin gehalten, andere für eine Abteilungsleiterin in einem Warenhaus; sie sei immer adrett, freundlich, wenn auch kühl gewesen. (...) Frau Schmill [Anm. des Verfassers: eine Nachbarin] behauptete, der Besuch sei regelmäßig gekommen, so alle zwei, drei Wochen, und es sei ein etwa vierzigjähriger, sehr elastisch wirkender Herr aus „offensichtlich besseren" Kreisen gewesen, während Herr Ruhwiedel [Anm. des Verfassers: ein Nachbar] den Besucher als ziemlich jungen Schlacks bezeichnete, der einige Mal allein, einige Male mit Fräulein Blum gemeinsam deren Wohnung betreten habe.

(...) In dem Moment, als er [Anm. des Verfassers: ihr Chef Dr. Blorna] loswandern wollte, war dieser Kerl von der ZEITUNG aufgetaucht und hatte ihn, ohne jede Vorbereitung, auf Katharina angequatscht. Ob er sie eines Verbrechens für fähig halte? „Wieso", sagte er, „ich bin Anwalt, und ich weiß, wer alles eines Verbrechens fähig ist. Welches Verbrechen denn? Katharina? Undenkbar, wie kommen Sie darauf? Woher wissen Sie?" Als er schließlich erfuhr, dass ein lange gesuchter Bandit nachweislich bei Katharina übernachtet hatte und sie seit 11 Uhr streng vernommen werde, hatte er vorgehabt, sofort zurückzufliegen, aber der Kerl von der ZEITUNG (...) sagte, so schlimm sei es auch wieder nicht, und ob er ihm ein paar Charaktereigenschaften nennen könnte. Und als er sich weigerte, meinte der Kerl, das sei aber ein schlechtes Zeichen und könne bös missdeutet werden, denn Schweigen über ihren Charakter sei in einem solchen Fall, es handele sich um eine „front-page-story", eindeutig ein Hinweis auf einen schlechten Charakter und schon wütend und gereizt sagte Blorna: „Katharina ist eine sehr kluge und kühle Person" (...)

Wie wollen Sie mir – uns – erklären, dass Sie, die Sie als zimperlich, fast prüde bekannt sind, die Sie von ihren Bekannten und Freunden den Spitznamen „Nonne" erhalten haben, die Diskotheken meidet, weil es dort zu wüst zu geht – sich von ihrem Mann scheiden lässt, weil er „zudringlich" geworden ist –, wie wollen Sie uns dann erklären, dass Sie – angeblich – diesen Götten erst vorgestern kennen gelernt haben und noch am gleichen Tag – man könnte sagen – stehenden Fußes – ihn mit in Ihre Wohnung genommen haben und dort sehr rasch – na sagen wir – intim mit ihm geworden sind?

Hier griff Staatsanwalt Hach ein und sagte, es habe natürlich angesichts des riesigen öffentlichen Interesses am Fall Götten eine Presseverlautbarung herausgegeben werden müssen; eine Pressekonferenz habe noch nicht stattgefunden, sei aber wohl wegen der Erregung und der Angst, die durch Göttens Flucht – die sie, Katharina, ja ermöglicht habe – entstanden sei, nun kaum noch zu vermeiden.

Um die überraschende – *alle* Beteiligten überraschende Auskunft des Pfarrers von Gemmelsbroich, Katharinas Vater sei ein verkappter Kommunist gewesen, auf ihren Wahrheitsgehalt zu prüfen, fuhr Blorna für einen Tag in dieses Dorf. (…) er hörte Schlimmes über Katharinas verstorbene Mutter, die tatsächlich einmal in Gesellschaft des inzwischen entlassenen Küsters eine Flasche Messwein in der Sakristei geleert hatte, hörte Schlimmes über Katharinas Bruder, der wirklich eine regelrechte Plage gewesen sei, aber das einzige, den Kommunismus von Katharinas Vater belegende Zitat war eine von jenem im Jahre 1949 in einer der sieben Kneipen des Dorfes dem Bauern Scheumel gegenüber getane Äußerung, die gelautet haben sollte, „Der Sozialismus ist gar nicht das schlechteste."

[Katharinas Geständnis; Anm. des Verfassers]
Ich habe ein paar Minuten warten müssen, bis es klingelte, gerade Zeit genug, die Pistole zu entsichern und griffbereit in meiner Handtasche zu platzieren. Ja und dann klingelte es, und er stand schon vor der Tür, als ich aufmachte, (…) Nun, ich sah sofort, welch ein Schwein er war, ein richtiges Schwein. (…) Er sagte: „Na Blümchen, was machen wir zwei denn jetzt?" Ich sagte kein Wort, wich ins Wohnzimmer zurück, er kam mir nach und sagte: „Was guckst du mich denn so entgeistert an, Blümelein – ich schlage vor, dass wir jetzt erst einmal bumsen." Nun, inzwischen war ich bei meiner Handtasche, und er ging mir an die Kledage, und ich dachte: „Bumsen, meinetwegen", und ich hab' die Pistole rausgenommen und sofort auf ihn geschossen. Zweimal, dreimal, viermal. Ich weiß nicht mehr genau.

Heinrich Böll (1917–1985)

Stell dir vor, du bist Reporter bei der „ZEITUNG" und bekommst den Auftrag, zwei Aufmacher für jeweils eine Titelseite zu verfassen:

- einen im Zusammenhang mit den Verdächtigungen gegen Katharina, sie sei die Geliebte des Verbrechers Götten,
- den zweiten für den Tag unmittelbar nach dem Mord an Tötges.

1

Um diese komplexen Aufgaben zu bearbeiten, solltest du vorab folgende Gesichtspunkte klären:

a) Charakterisiere in Stichworten die Figur Katharina Blum.

b) Was kann man ihr (vor dem Mord an Tötges) vorwerfen?

c) Erstelle eine zweispaltige Tabelle. Trage in die linke Spalte Stellen aus dem Text ein, an denen dir Katharina Blum verwundbar erscheint. Notiere in der rechten Spalte, was du aus diesen Informationen – auch unter Verdrehung der Tatsachen – machen kannst, um sie als Verbrecherin hinzustellen.

2

Für die Aufmachung und den sprachlichen Stil der „ZEITUNG“ solltest du entscheiden, welche Begriffe aus den unten aufgelisteten Wortfeldern „Krimineller“ und „Frau“ für Götten und insbesondere Katharina Blum passend wären.

a) Streiche die Begriffe durch, die dir für eine Boulevardzeitung unangemessen erscheinen.

b) Kombiniere Worte aus der linken Spalte mit denen aus der rechten zu Komposita.

Wortfeld „Krimineller“	**Wortfeld „Frau“**
Krimineller, Bandit, (Bank)Räuber, Mörder, Terrorist, Verbrecher, Täter, Verdächtiger	**Freundin, Frau, Braut, Liebchen, Geliebte, Flittchen, Hure, Schlampe, Verlobte, Göre, Girlie, Girl, Hausfrau, Wirtschafterin**

c) Entwirf eine dramatisch klingende Überschrift, die dem Artikel in großen Lettern voranstehen soll. Verwende dazu eines der Komposita.

d) Überprüfe, welche Adjektive du aus der folgenden Liste für den Aufmacher-Text verwenden kannst und ergänze sie durch weitere:

berechnend, mutmaßlich, brutal, hinterhältig, gemeingefährlich, noch nicht überführte ...

3

Verfasse nun die beiden Artikel.

7.2 Eine Rede halten

Umformungen in eine andere Textsorte, wie du sie auf den vorhergehenden Seiten kennen gelernt hast, können auch darauf abzielen, Texte für eine mündliche Kommunikationsform zu erstellen. Eine typische Aufgabenstellung verlangt von dir, eine Rede für eine bestimmte literarische Figur zu schreiben.

Ähnlich wie ein Brief ist eine Rede immer an einen **bestimmten Adressaten** gerichtet.

Die Beziehung des Redners zu seinem Publikum drückt sich durch eine **wiederholte direkte Ansprache seiner Zuhörer** aus (z. B. „meine Damen und Herren", „liebe Freunde", „verehrte Gäste"). Je nach Vertrautheit wird der Redner sein Publikum auch mit **„du"/„ihr"** oder **„Sie"/„Ihnen"** ansprechen. Dies ist wichtig, um die Aufmerksamkeit der Zuhörer bis zum Ende der Rede aufrechtzuerhalten.

Darüber hinaus ist eine Rede immer **anlassbezogen** (z. B. Einschulung, Geburtstagsfeierlichkeiten, Begräbnis). In den meisten Fällen nennt der Redner zu Beginn den Anlass seiner Ansprache, auch wenn er den Zuhörern bekannt sein dürfte.

In seiner autobiographischen Erzählung „Unterm Rad" schildert Hermann Hesse, wie der Calwer Schüler Hans Giebenrath den Erwartungen seiner Lehrer nicht entsprechen kann und daran zerbricht.

Unter großen Opfern besteht Hans das Landexamen und wird in die Klosterschule nach Maulbronn aufgenommen. Als sein Freund Heilner die Schule verlassen muss, will und kann er dem stetigen Druck nicht mehr standhalten. Seine Leistungen lassen nach, schließlich wird er krank nach Hause entlassen. Unter den Augen seiner enttäuschten Lehrer – lediglich der Schuhmacher Flaig hält noch zu ihm – kann er nur noch eine Mechanikerlehrer beginnen. Hans fühlt sich jedoch in dieser Welt fremd und allein. Gegen Ende stürzt er betrunken in einen Fluss und ertrinkt. Es bleibt offen, ob es sich um einen Unfall oder einen Selbstmord handelt.

Unterm Rad

(...) Hans Giebenrath war ohne Zweifel ein begabtes Kind; es genügte, ihn anzusehen, wie fein und abgesondert er zwischen den anderen herumlief. Das kleine Schwarzwaldnest zeitigte sonst keine solche Figuren, es war von dort nie ein Mensch ausgegangen, der einen Blick und eine Wirkung über das Engste hinaus gehabt hätte. Gott weiß, wo der Knabe die ernsthaften Augen und die gescheite Stirn und das Feine im Gang her hatte. Vielleicht von der Mutter? Sie war seit Jahren tot, und man hatte zu ihren Lebzeiten nichts Auffallendes an ihr bemerkt (...)

Über Hans Giebenraths Begabung gab es keinen Zweifel. Die Lehrer, der Rektor, die Nachbarn, der Stadtpfarrer, die Mitschüler und jedermann gab zu, der Bub sei ein feiner Kopf und überhaupt etwas Besonderes. Damit war seine Zukunft bestimmt und festgelegt. Denn in schwäbischen Landen gibt es für begabte Knaben, ihre Eltern müßten denn reich sein, nur einen einzigen schmalen Pfad: durchs Landexamen ins Seminar, von da ins Tübinger Stift und von dort entweder auf die Kanzel oder aufs Katheder. (...) In wenigen Wochen sollte das „Landexamen" wieder stattfinden.

Hans Giebenrath war der einzige Kandidat, den das Städtlein zum peinlichen Wettbewerb zu entsenden dachte. Die Ehre war groß, doch hatte er sie keineswegs umsonst. An die Schulstunden, die täglich bis vier Uhr dauerten, schloß sich die griechische Extralektion beim Rektor an, um sechs war dann der Herr Stadtpfarrer so freundlich, eine Repetitionsstunde in Latein und Religion zu geben, und zweimal in der Woche fand nach dem Abendessen noch eine einstündige Unterweisung beim Mathematiklehrer statt. (...)

Flaig sprach vom Examen, wünschte dem Jungen Glück und sprach ihm Mut zu, der Endzweck seiner Rede aber war, darauf hinzuweisen, daß so ein Examen doch nur etwas Äußerliches und Zufälliges sei. Durchzufallen sei keine Schande, das könne den Besten passieren und falls es ihm so gehen sollte, möge er bedenken, daß Gott mit jeder Seele seine besonderen Absichten habe und sie eigene Wege führe. (...)

In der Kronengasse begegneten sie dem Stadtpfarrer. Der Schuster grüßte angemessen und kühl und hatte es plötzlich eilig, denn der Stadtpfarrer war ein Neumodischer und stand im Ruf, er glaube nicht einmal an die Auferstehung. Dieser nahm den Knaben mit sich.

„Du weißt, daß wir alle Hoffnungen auf dich setzen. Im Latein erwarte ich eine besondere Leistung von dir."

„Wenn ich aber durchfalle", meinte Hans schüchtern.

„Durchfallen?!" Der Geistliche blieb erschrocken stehen. „Durchfallen ist einfach unmöglich! Einfach unmöglich! Sind das Gedanken!"
„Ich meine nur, es könnte doch sein …"
„Es kann nicht sein, Hans, es kann nicht; darüber sei ganz beruhigt. Und nun grüß mir deinen Papa; und sei mutig!"
Hans sah ihm nach; dann schaute er sich nach dem Schuhmacher um. Was hatte er doch gesagt? Aufs Latein käme es nicht so sehr an, wenn man nur das Herz aufm rechten Fleck habe und Gott fürchte. Der hatte gut reden. Und nun noch der Stadtpfarrer! Vor dem konnte er sich überhaupt nimmer sehen lassen, wenn er durchfiel.

[In der Maulbronner Klosterschule; Anm. des Verfassers]
Hans war allein geblieben. Ein starkes Gefühl ließ ihm das Land der Freundschaft selig in sehnsüchtigen Farben am Horizont erscheinen und zog ihn mit stillem Trieb hinüber. Aber seine Schüchternheit hielt ihn zurück. Ihm war in seinen strengen mutterlosen Knabenjahren die Gabe des Anschmiegens verkümmert, und vor allem äußerlich Enthusiastischem hatte er ein Grauen. Dazu kam der Knabenstolz und schließlich der leidige Ehrgeiz.

Und keiner dachte daran, daß die Schule und der barbarische Ehrgeiz des Vaters und einiger Lehrer dieses gebrechliche Wesen so weit gebracht hatten. Warum hatte er in den empfindlichsten und gefährlichsten Knabenjahren täglich bis in die Nacht hinein arbeiten müssen? Warum hatte man ihm seine Kaninchen weggenommen, ihn den Kameraden in der Lateinschule mit Absicht entfremdet, ihm Angeln und Bummeln verboten und ihm das hohle, gemeine Ideal eines schäbigen, aufreibenden Ehrgeizes eingeimpft? Warum hatte man ihm selbst nach dem Examen die wohlverdienten Ferien nicht gegönnt? Nun lag das überhetzte Rößlein am Weg und war nicht mehr zu brauchen.

[Nach der Entlassung aus der Klosterschule; Anm. des Verfassers]
Erst in jenen Wochen merkte Hans, daß er in den zwei letzten Lateinschuljahren keine Freunde mehr gehabt habe. Die Kameraden von damals waren teils fort, teils sah er sie als Lehrlinge herumlaufen, und mit keinem von ihnen verband ihn etwas, bei keinem hatte er etwas zu suchen, und keiner kümmerte sich um ihn. Zweimal sprach der alte Rektor ein paar freundliche Worte mit ihm, auch der Lateinlehrer und der Stadtpfarrer nickten ihm auf der Straße wohlwollend zu, aber eigentlich ging Hans sie nichts mehr an. Er war kein Gefäß mehr, in das man allerlei hineinstopfen konnte, kein Acker

für vielerlei Samen mehr; es lohnte sich nicht mehr, Zeit und Sorgfalt anzuwenden. (…) Auch Vater Giebenrath war kein Freund und Tröster, wenn er sich auch alle Mühe gab, den Ärger seiner Enttäuschung über Hans zu verbergen. So fühlte sich dieser verlassen und ungeliebt, saß im Garten an der Sonne oder lag im Wald und hing seinen Träumereien oder quälerischen Gedanken nach. Mit dem Lesen konnte er sich nicht helfen, da ihm dabei immer bald Kopf und Augen schmerzten und weil aus jedem der Bücher ihm sogleich bei Aufschlagen das Gespenst der Klosterzeit und des dortigen Angstgefühls auferstand, ihn in bange Traumwinkel trieb und dort mit glühendem Blick festbannte.
In dieser Not und Verlassenheit trat dem kranken Knaben ein anderes Gespenst als trügerischer Tröster nahe und wurde ihm allmählich vertraut und notwendig. Es war der Gedanke an den Tod.

Die Beerdigung zog eine große Zahl von Mitgängern und Neugierigen an. Wieder war Hans Giebenrath eine Berühmtheit geworden, für die sich jeder interessierte, und wieder nahmen die Lehrer, der Rektor und der Stadtpfarrer an seinem Schicksal teil. Sie erschienen sämtlich in Gehröcken und feierlichen Zylindern, begleiteten den Leichenzug und blieben am Grabe einen Augenblick stehen, untereinander flüsternd. (…)
„Ja, Herr Professor, aus dem hätte etwas werden können. Ist es nicht ein Elend, daß man gerade mit den Besten so oft Pech hat?“
Beim Vater und der alten Anna, die ununterbrochen heulte, blieb der Meister Flaig am Grabe zurück.
„Ja, so was ist herb, Herr Giebenrath“, sagte er teilnehmend. „Ich habe den Buben auch liebgehabt.“
„Man begreift's nicht“, seufzte Giebenrath. „Er ist so begabt gewesen, und alles ist ja auch gutgegangen, Schule, Examen – und dann auf einmal ein Unglück übers andere!“
Der Schuhmacher deutete den durchs Kirchhoftor abziehenden Gehröcken nach.
„Dort laufen ein paar Herren“, sagte er leise, „die haben auch mitgeholfen, ihn so weit zu bringen.“
„Was?“, fuhr der andere auf und starrte den Schuster zweifelnd und erschrocken an. „Ja, sackerlot, wieso denn?“
„Seien Sie ruhig, Herr Nachbar. Ich hab' bloß die Schulmeister gemeint.“

Hermann Hesse (1877–1962)

Im Gottesdienst zur Beerdigung von Hans Giebenrath blickt der Stadtpfarrer auf das Leben des Jungen zurück. Am selben Abend würdigt auch der Schuhmacher Flaig im Kreise seiner Familie und Freunde in einer kleinen Ansprache den Toten.

Orientiere dich bei der Vorbereitung der beiden Reden systematisch an folgenden Schritten:

1
Erstelle ein Gerüst an Informationen zu Charakter, Familie und Lebensstationen von Hans Giebenrath, auf das beide Redner zurückgreifen werden.

2
Stelle Zitate aus dem Text einander gegenüber, aus denen deutlich wird, welche unterschiedliche Einstellung der Stadtpfarrer und Meister Flaig zu Leistung, Erfolg und Versagen von Hans haben! Achte auch auf einschlägige Kommentare des Erzählers.

3
Überlege dir, ob die beiden den Tod von Hans als Unfall oder als Selbstmord auffassen werden! Halte fest, ob die Redner jemanden für den Tod verantwortlich machen.

4
Mache dir Gedanken darüber, welche Beziehung zwischen den Rednern und ihrem Publikum besteht und in welcher Kommunikationssituation (öffentlicher oder privater Rahmen) die Rede gehalten wird.
Mit welcher Anrede werden der Stadtpfarrer und Flaig ihre Zuhörer adressieren?

5
Schreibe beide Reden.

7.3 Gespräche in Szene setzen

Im Gegensatz zu Prosatexten, deren gestaltende Interpretation du bisher in diesem Kapitel trainiert hast, haben dramatische Texte einen eigenen Charakter, da sie prinzipiell für die Aufführung auf einer Bühne gedacht und damit für einen Zuschauer konzipiert sind.

Dramatische Texte bestehen aus
- **Dialogen bzw. Monologen**
- **dazugehörigen Handlungs- und Sprechanleitungen (Regieanweisungen).**

Das bedeutet, dass umfangreiche Ortsangaben ebenso fehlen wie erzählerische Einblicke in die Gedanken- und Gefühlswelt der Figuren.

Wenn du einen Text in eine szenische Darstellung umwandeln willst, solltest du den Zuschauern zunächst mit einer knappen Beschreibung des **Bühnenbildes** eine Vorstellung von der Situation auf der Bühne geben. Dazu gehört ein **Hintergrundbild** und möglicherweise ergänzende Bauteile bzw. **Requisiten** an verschiedenen Stellen der Bühne.
Achte darauf, dass das Bühnenbild für eine Theaterbühne realisierbar ist. Beschränke dich eher auf **ausdrucksstarke Symbole** und versuche nicht, die Bühne wie in einem Film komplett auszustatten.

Licht und **Geräusche** unterstützen die Gestaltung des Ortes und sorgen für die entsprechende **Atmosphäre**. Überlege dir, mit welchen Farben und welcher Helligkeit die Bühne ausgeleuchtet sein sollte. Sehr effektvoll ist es, wenn nur bestimmte Ausschnitte (Figuren, Bühnenteile etc.) im Scheinwerferlicht hervorgehoben sind. Geräusche sind sehr sparsam einzusetzen, da sie möglicherweise verhindern, dass man die Sprache, die auf der Bühne gesprochen wird, verstehen kann.

In der Regel sprechen die Figuren auf der Bühne in **Dialogen** miteinander. Um nachvollziehen zu können, wer im Verlauf des Dialogs gerade etwas sagt, solltest du in der **Textfassung vor jeder Äußerung die Figur** angeben. Achte darauf, ein abwechslungsreiches Gespräch zu verfassen, indem du eher kurze Äußerungen verwendest und die Sprecher oft wechselst.

Neben den Dialogen gibt es jedoch nicht selten Situationen, in denen **Monologe** eingesetzt werden können, z. B. **wenn etwas nicht für den Gesprächspartner auf der Bühne** gedacht ist.
In diesen Fällen sprechen Figuren zu sich selbst oder zum Publikum. Hier können die Figuren ihre eigenen Gedanken und Gefühle offen legen.

Regieanweisungen helfen, sich vorstellen zu können, wo die Figuren stehen und welche **Gestik** und **Mimik** sie zu den Äußerungen zeigen. Darüber hinaus geben sie mitunter an, wie Äußerungen gesprochen werden sollen (z. B. laut, zögerlich, zweifelnd, arrogant etc.).
Nicht zuletzt solltest du **Pausen** geschickt einsetzen, um beispielsweise einer Äußerung eine entsprechende Gewichtung zu verleihen oder Verlegenheit bzw. Ratlosigkeit, wie das Gespräch weitergehen könnte, zu signalisieren.

Regieanweisungen werden normalerweise **in Klammern oder (bei gedruckten Texten) kursiv** gesetzt, um sie vom gesprochenen Text abzuheben.

Die Königinnen Elisabeth und Maria Stuart erheben beide Anspruch auf den Thron von England. Schillers Drama setzt ein, als Maria nach einer lebenslangen Auseinandersetzung um die Rechtmäßigkeit der Ansprüche von Elisabeth gefangen gehalten wird. Marias Todesurteil ist bereits gesprochen, doch zögert Elisabeth, es vollstrecken zu lassen. Beide Frauen sind sich noch nie vorher begegnet, bis sie in der folgenden Szene im dritten Akt (III,4) aufeinander treffen.
Elisabeth treibt die Neugier zu dieser Begegnung. Sie hat die konkrete Erwartung, dass sich die von der Kerkerhaft gepeinigte Maria ihr vollkommen unterwerfen wird. Maria selbst ist auf das Treffen nicht vorbereitet.

1

Der Textauszug enthält an Stelle der originalen Regieanweisungen Fragen (in blauer Kursivschrift). Ergänze mit ihrer Hilfe die Regieanweisungen in der Textvorlage.

Maria Stuart

ELISABETH: Wie heißt der Landsitz?
LEICESTER: Fotheringhayschloss.
ELISABETH: Schickt unser Jagdgefolg voraus nach London,
Das Volk drängt allzu heftig in den Straßen,
Wir suchen Schutz in diesem stillen Park.
Mein gutes Volk liebt mich zu sehr. Unmäßig,
Abgöttisch sind die Zeichen seiner Freude,
So ehrt man einen Gott, nicht einen Menschen.
MARIA: ***(Mimik? Gestik? zu wem spricht sie?) (1)***
O Gott, aus diesen Zügen spricht kein Herz.
ELISABETH: Wer ist die Lady?
(Reaktion der Lords?) (2)
LEICESTER: – Du bist zu Fotheringhay, Königin.
ELISABETH: ***(sagt sie die Wahrheit oder verstellt sie sich?) (3)***
Wer hat mir das getan? Lord Leicester?
LEICESTER: Es ist geschehen, Königin – Und nun
Der Himmel deinen Schritt hieher gelenkt,
So lass die Großmut und das Mitleid siegen.
SHREWSBURY: Lass dich erbitten, königliche Frau,
Dein Aug auf die Unglückliche zu richten,
Die hier vergeht vor deinem Anblick.
(Was macht Maria? Körpersprache? Gestik?) (4)
ELISABETH: Wie, Mylords? ***(Reaktion auf Maria?) (5)***
Wer war es denn, der eine Tiefgebeugte
Mir angekündigt? Eine Stolze find ich,
Vom Unglück keineswegs geschmeidigt?
MARIA: ***(zu wem spricht sie? Gestik?) (6)*** Seis!
Ich will mich auch noch diesem unterwerfen.
Fahr hin, ohnmächtiger Stolz der edlen Seele!
Ich will vergessen, wer ich bin, und was
Ich litt, ich will vor ihr mich niederwerfen,
Die mich in diese Schmach herunterstieß.
(Gestik?) (7)
Der Himmel hat für Euch entschieden, Schwester!
Gekrönt vom Sieg ist Euer glücklich Haupt,
Die Gottheit bet ich an, die Euch erhöhte.
Doch seid auch Ihr nun edelmütig, Schwester!
Lasst mich nicht schmachvoll liegen, Eure Hand
Streckt aus, reicht mir die königliche Rechte,
Mich zu erheben von dem tiefen Fall.

ELISABETH: *(Gestik? Tonfall?) (8)*
Ihr seid an Eurem Platz, Lady Maria!
Und dankend preis ich meines Gottes Gnade,
Der nicht gewollt, dass ich zu Euren Füßen
So liegen sollte, wir ihr jetzt zu meinen.
(…)
MARIA: Steht nicht da, schroff und unzugänglich, wie
Die Felsenklippe, die der Strandende
Vergeblich ringend zu erfassen strebt.
(Gestik, Mimik der Königinnen? Wie weit stehen sie auseinander?) (9)
Mein Alles hängt, mein Leben, mein Geschick,
An meiner Worte, meiner Tränen Kraft,
Löst mir das Herz, dass ich das Eure rühre!
Wenn ihr mich anschaut mit dem Eisesblick,
Schließt sich das Herz mir schaudernd zu, der Strom
Der Tränen stockt, und kaltes Grausen fesselt
Die Flehensworte mir im Busen an.
ELISABETH: Was habt ihr mir zu sagen, Lady Stuart?
Ihr habt mich sprechen wollen, ich vergesse
Die Königin, die schwerbeleidigte,
Die fromme Pflicht der Schwester zu erfüllen,
Und meines Anblicks Trost gewähr ich Euch.
Dem Trieb des Großmuts folg ich, setze mich
Gerechtem Tadel aus, dass ich so weit
Heruntersteige – denn Ihr wisst,
Dass ihr mich habt ermorden lassen wollen.
MARIA: Womit soll ich den Anfang machen, wie
Die Worte klüglich stellen, dass sie Euch
Das Herz ergreifen, aber nicht verletzen!
(zu wem spricht sie? Gestik?) (10)
O Gott, gib meiner Rede Kraft, und nimm
Ihr jeden Stachel, der verwunden könnte.
(…)
ELISABETH: Bekennt Ihr endlich Euch für überwunden?
(Tonfall?) (11)
Ists aus mit Euren Ränken? Ist kein Mörder
Mehr unterwegs? Will kein Abenteurer
Für Euch die traurge Ritterschaft mehr wagen?
Ja, es ist aus, Lady Maria, Ihr verführt
Mir keinen mehr. Die Welt hat andre Sorgen.
Es lüstet keinen, Euer – vierter Mann

Zu werden, denn Ihr tötet Eure Freier
Wie Eure Männer.

MARIA: Schwester! Schwester!
(Tonfall? Körperhaltung? Entfernung zu Elisabeth?) (12)
O Gott! Gott! Gib mir Mäßigung!

ELISABETH: *(Tonfall?) (13)*
Das also sind die Reizungen, Lord Leicester,
Die ungestraft kein Mann erblickt, daneben
Kein andres Weib sich wagen darf zu stellen!
Fürwahr! Der Ruhm war wohlfeil zu erlangen,
Es kostet nichts, die allgemeine Schönheit
Zu sein, als die gemeine sein für alle!

MARIA: *(Lautstärke?) (14)*
Das ist zuviel!

ELISABETH: Jetzt zeigt Ihr Euer wahres
Gesicht, bis jetzt wars nur die Larve.

MARIA: *(emotionaler Zustand? Lautstärke?) (15)*
Ich habe menschlich, jugendlich gefehlt,
Die Macht verführte mich, ich hab es nicht
Verheimlicht und verborgen, falschen Schein
Hab ich verschmäht, mit königlichem Freimut.
Das Ärgste weiß die Welt von mir und ich
Kann sagen, ich bin besser als mein Ruf.
(Gestik? Stellung zu Elisabeth? Tonfall?) (16)
Weh Euch, wenn sie von Euren Taten einst
Den Ehrenmantel zieht, womit Ihr gleichend
Die wilde Glut verstohlner Lüste deckt.
Nicht Ehrbarkeit habt Ihr von Eurer Mutter
geerbt (…)

Friedrich Schiller (1759–1805)

2

Notiere in eigenen Worten für die vorangegangene Szene den Entwurf eines Bühnenbildes. Gehe zur Vorbereitung so vor:

a) Lies nochmals aufmerksam den Beginn der Szene und unterstreiche die Informationen, die den Ort des Zusammentreffens beschreiben!

b) Der Ort dient als Gefängnis für Maria. Überlege dir, wie du diesen Sachverhalt mit einem oder mehren Symbolen darstellen könntest.

c) Fertige eine Skizze der Bühne an.

Der Besuch der alten Dame

(…)

CLAIRE ZACHANASSIAN (…) daß ich bereit bin, Güllen eine Milliarde zu schenken. Fünfhundert Millionen der Stadt und fünfhundert Millionen verteilt auf alle Familien. (…) Ich will die Bedingung nennen. Ich gebe euch eine Milliarde und kaufe mir dafür die Gerechtigkeit.

Totenstille

DER BÜRGERMEISTER Wie ist dies zu verstehen, gnädige Frau?

CLAIRE ZACHANASSIAN Wie ich es sagte.

DER BÜRGERMEISTER Die Gerechtigkeit kann man doch nicht kaufen!

CLAIRE ZACHANASSIAN Man kann alles kaufen!

DER BUTLER Und nun wollen sie Gerechtigkeit, Claire Zachanassian?

CLAIRE ZACHANASSIAN Ich kann sie mir leisten. Eine Milliarde für Güllen, wenn jemand Alfred Ill tötet.

DER ZWEITE Für Geld kann man eben alles haben. *Er spuckt aus.*

DER ERSTE Nicht bei uns. *Er schlägt mit der Faust auf den Tisch.*

ILL Dreiundzwanzig achtzig.

DER ZWEITE Schreib's auf.

ILL Diese Woche will ich eine Ausnahme machen, doch daß du mir am Ersten zahlst, wenn die Arbeitslosenunterstützung fällig ist.

Der zweite geht zur Türe.

ILL Helmesberger

Er bleibt stehen. Ill kommt zu ihm.

ILL Du hast neue Schuhe. Gelbe neue Schuhe.

DER ZWEITE Nun?

ILL *blickt nach den Füßen des Ersten* Auch du, Hofbauer. Auch du hast neue Schuhe. *Er blickt nach den Frauen, geht zu ihnen, langsam, grauenerfüllt.* Auch ihr. Neue gelbe Schuhe. Neue gelbe Schuhe.

DER ERSTE Ich weiß nicht, was du daran findest?

DER ZWEITE Man kann doch nicht ewig in den alten Schuhen herumlaufen.

ILL Neue Schuhe. Wie konntet ihr neue Schuhe kaufen?

DIE FRAUEN Wir ließen's aufschreiben, Herr Ill, wir ließen's aufschreiben.

ILL Ihr ließet's aufschreiben. Auch bei mir ließet ihr's aufschreiben. Besseren Tabak, bessere Milch, Kognak. Warum habt ihr denn auf einmal Kredit in den Geschäften?

DER ZWEITE Bei dir haben wir doch auch Kredit.

ILL Womit wollt ihr zahlen?

Der Bürgermeister Es ist besser, wir schweigen über das Ganze. Ich habe auch den Volksboten gebeten, nichts über die Angelegenheit verlauten zu lassen.

Ill *kehrt sich um* Man schmückt schon meinen Sarg, Bürgermeister! Schweigen ist mir zu gefährlich.

Der Bürgermeister Aber wieso denn, lieber Ill? Sie sollten dankbar sein, daß wir über die üble Affäre den Mantel des Vergessens breiten.

Ill Wenn ich rede, habe ich noch eine Chance, davonzukommen.

Der Bürgermeister Das ist nun doch die Höhe! Wer soll sie denn bedrohen?

Ill Einer von euch.

Der Bürgermeister *erhebt sich* Wen haben Sie im Verdacht? Nennen Sie mir den Namen, und ich untersuche den Fall. Unnachsichtlich.

Ill Jeder von euch.

Der Bürgermeister Gegen diese Verleumdung protestiere ich im Namen der Stadt feierlich.

Ill Keiner will mich töten, jeder hofft, daß es einer tun werde, und so wird es einmal einer tun.

Der Bürgermeister Sie sehen Gespenster.

Ill Ich sehe einen Plan an der Wand. Das neue Stadthaus? *Er tippt auf den Plan.*

Der Bürgermeister Mein Gott, planen wird man wohl noch dürfen.

Ill Ihr spekuliert schon mit meinem Tod! (…) Ihr habt mich schon zum Tode verurteilt (…) *leise* Der Plan beweist es! Beweist es!

Der Bürgermeister Ich schreite zur Abstimmung. [Anm. des Verfassers: über das Todesurteil von Ill] (…) Wer reinen Herzens die Gerechtigkeit verwirklichen will, erhebe die Hand.

Alle außer Ill heben die Hand.

(…)

Der Bürgermeister Die Stiftung der Claire Zachanassian ist angenommen. Nicht des Geldes –

Die Gemeinde Nicht des Geldes –

Der Bürgermeister sondern der Gerechtigkeit wegen –

Die Gemeinde sondern der Gerechtigkeit wegen –

Der Bürgermeister und aus Gewissensnot.

Die Gemeinde und aus Gewissensnot.

Der Bürgermeister Denn wir können nicht leben, wenn wir ein Verbrechen unter uns dulden –

Die Gemeinde Denn wir können nicht leben, wenn wir ein Verbrechen unter uns dulden –

DER BÜRGERMEISTER welches wir ausrotten müssen –
DIE GEMEINDE welches wir ausrotten müssen –
DER BÜRGERMEISTER damit unsere Seelen nicht Schaden erleiden –
DIE GEMEINDE damit unsere Seelen nicht Schaden erleiden –

Die Güllener bilden eine kleine Gasse (...) Ill geht langsam in die Gasse der schweigenden Männer. Ganz hinten stellt sich ihm der Turner entgegen. Ill bleibt stehen, kehrt sich um, sieht wie sich unbarmherzig die Gasse schließt, sinkt in die Knie. Die Gasse verwandelt sich in einen Menschenknäuel, lautlos, der sich ballt, der langsam niederkauert. Stille. Von links vorne kommen Journalisten. Es wird hell.

PRESSEMANN I Was ist denn hier los?

Das Menschenknäuel lockert sich auf. Die Männer sammeln sich im Hintergrund, schweigend. Zurück bleibt nur der Arzt, vor einem Leichnam kniend, über den ein kariertes Tischtuch, wie es in Wirtschaften üblich ist, gebreitet ist. Der Arzt steht auf. Nimmt das Stethoskop ab.

DER ARZT Herzschlag.

Stille

DER BÜRGERMEISTER Tod aus Freude.

Friedrich Dürrenmatt (1921–1990)

Nimm an, nach dem Tod von Alfred Ill kommt es zu einem Gerichtsverfahren gegen Claire Zachanassian und den Bürgermeister Güllens als Vertreter des Städtchens. Diese Gerichtsverhandlung sollst du in Szene setzen.

3

Zur Klärung der juristischen Seite sind folgende Schritte notwendig:

a) Überlege zunächst, wie die Anklage(n) gegen Claire Zachanassian und den Bürgermeister lauten könnte. Sind deiner Ansicht nach beide in gleichem Maße schuldig?

b) Stelle zusammen, was man den beiden Angeklagten vorwerfen und nachweisen kann. Welche Zeugen bzw. welche Beweise gibt es?

4

Bei deiner dramaturgischen Umsetzung solltest du folgende Aspekte vorbereiten und berücksichtigen:

a) Skizziere (bildhaft oder verbal), wie der Raum aussehen soll, in dem die Szene spielt.

b) Erstelle eine Liste von Figuren, die bei der Gerichtsverhandlung auftreten sollen.

c) Entwirf eine Strategie, wie du als Staatsanwalt die beiden Angeklagten überführen würdest.

d) Welche Argumente könnte der Verteidiger vorbringen?

e) Überlege, wie das Urteil im Fall gegen Claire Zachanassian bzw. den Bürgermeister deiner Ansicht nach lauten sollte.

5

Entwirf nun deine Version der Gerichtsverhandlung!

In ihrem Roman „Das siebte Kreuz" erzählt Anna Seghers die Geschichte von sieben Häftlingen, die während der Zeit des Nationalsozialismus aus dem Konzentrationslager Westhofen fliehen. Für jeden der Flüchtlinge lässt der Lagerkommandant ein Kreuz aufstellen. Sechs der Männer müssen ihre Flucht mit dem Leben bezahlen, nur das siebte Kreuz bleibt leer, da es Georg Heissler gelingt, mit Hilfe von Freunden und Unbekannten ins Ausland zu entkommen. Besonderen Anteil an Heisslers Flucht nimmt sein alter Freund Franz.

Das siebte Kreuz

„Weißt du schon, im KZ? In Westhofen".
(…) Irgend etwas an dieser Nachricht ging ihn noch ganz besonders an. Irgend etwas, was in der Nachricht enthalten war, wühlte ihn ganz besonders auf, hatte sich in ihm festgehakt und nagte, ohne dass er noch wusste, warum und was. Also ein Lageraufstand, sagte er sich, vielleicht ein ganz großer Ausbruch. Da fiel ihm ein, was ihn daran besonders betraf: Georg … Was für ein Unsinn, dachte er fast sofort, bei einer solchen Nachricht an Georg zu denken. Georg war vielleicht nicht mehr dort. Oder, was ebenso möglich war, er war tot. Aber in seine eigne Stimme mischte sich Georgs Stimme, von fern und spöttisch: Nein, Franz, wenn was passiert in Westhofen, dann bin ich nicht tot.
Er hatte wirklich die letzten Jahre geglaubt, an Georg zu denken wie an alle übrigen Gefangenen! Wie an irgendeinen von tausend, an die man mit Wut und Trauer denkt. Er hatte wirklich geglaubt, ihn und Georg verknüpfe längst schon nichts anderes mehr als das feste Band einer gemeinsamen Sache, einer unter den Sternen der gleichen Hoffnung verbrachten Jugend. Nicht mehr das andre, schmerzhafte, tief ins Fleisch einschneidende Band, an dem sie beide damals gezerrt hatte. Diese alten Geschichten seien vergessen, hatte er sich fest eingebildet.

Wie lange er auch über die Flucht gegrübelt hatte, allein und mit Wallau, wieviele winzige Einzelheiten er auch erwogen hatte und auch den gewaltigen Ablauf eines neuen Daseins, in den ersten Minuten nach der Flucht war er nur ein Tier, das in die Wildnis ausbricht, die sein Leben ist, und Blut und Haare kleben noch an der Falle. Das Geheul der Sirenen drang seit der Entdeckung der Flucht kilometerweit über das Land und weckte ringsum die kleinen Dörfer, die der dicke Herbstnebel einwickelte. Dieser Nebel dämpfte alles, sogar die mächtigen Scheinwerfer, die sonst

die schwärzeste Nacht aufgeblendet hatten. Jetzt gegen sechs Uhr früh erstickten sie in dem watteartigen Nebel, den sie kaum gelblich färbten. Georg duckte sich tiefer, obwohl der Boden unter ihm nachgab. Er konnte versinken, bevor er von dieser Stelle wegdurfte. Das dürre Gestrüpp sträubte sich ihm in den Fingern, die blutlos geworden waren und glitschig und eiskalt. Ihm schien es, als sänke er rascher und tiefer, er hätte nach seinem Gefühl bereits verschluckt sein müssen. Obwohl er geflohen war, um dem sichern Tod zu entrinnen – kein Zweifel, dass sie ihn und die andern Sechs in den nächsten Tagen zugrunde gerichtet hätten – erschien ihm der Tod im Sumpf ganz einfach und ohne Schrecken. Als sei er ein andrer Tod als der, vor dem er geflohen sei, ein Tod in der Wildnis, ganz frei, nicht von Menschenhand.
Zwei Meter über ihm auf dem Weidendamm rannten die Posten mit den Hunden.

Georg drückte sein Gesicht wieder in die Erde, weil sie über ihm auf dem Damm zurückliefen. Er schielte bloß aus den Augenwinkeln. Die Scheinwerfer hatten nichts mehr zum Greifen, sie wurden ganz matt im Tagesgrauen. Wenn nur jetzt nicht der Nebel gleich stieg. Auf einmal kletterten Drei den äußern Abhang herunter. Sie waren keine zehn Meter weit. Georg erkannte wieder Mannsfelds Stimme. Er erkannte Ibst, an seinen Flüchen, nicht an der Stimme, die war vor Wut ganz dünn, eine Weiberstimme. Die dritte Stimme, erschreckend dicht – man konnte ihm, Georg, auf den Kopf treten –, war Meißners Stimme, die immer nachts in die Baracke kam, die einzelnen aufrief, ihn, Georg, zuletzt vor zwei Nächten. (…) Ein zweiter Anfall von Angst, die Faust, die einem das Herz zusammendrückt. Jetzt nur kein Mensch sein, jetzt Wurzeln schlagen, ein Weidenstamm unter Weidenstämmen, jetzt Rinde bekommen und Zweige statt Arme. Meißner stieg in das Gelände hinunter und fing wie verrückt zu brüllen an. Plötzlich brach er ab. Jetzt sieht er mich, dachte Georg.

Dieser Graben, sagte er sich, läuft unter der Fabrik durch, wird den Abfluss aufnehmen. Er musste abwarten, bis der Posten gedreht hatte. Jetzt blieb der Posten am Ufer stehn, pfiff. Von der Liebacher Au pfiff es zurück. Georg begriff jetzt den Abstand zwischen den Pfiffen, überhaupt begriff er jetzt viel. Jeder Punkt in seinem Gehirn war besetzt, jeder Muskel war angestrengt, jede Sekunde war ausgefüllt, ungemein dicht war das ganze Leben, atemlos und eng. Wie er dann in dem stinkigen scharfriechenden Abfluss steckte, wurde ihm plötzlich flau, weil dieser Graben ja garnichts war zum Durchkriechen, sondern bloß um darin zu ersticken. Und er wurde zugleich ganz rasend, weil er doch keine Ratte war und das kein Ort für ihn zum Abgehn. Da war es aber vor ihm schon nicht mehr pechschwarz, sondern ein Gewitter von Wasserkringelchen. Zum Glück war das Fabrikgelände nicht groß, vielleicht vierzig Meter breit. Wie er herauskam, jenseits der Mauer, stieg das Feld etwas an zur Landstraße, und sein Weg führte schräg hinauf.

Georg lag draußen unter dem graublauen Himmel in einer Ackerfurche. Ungefähr hundert Meter von ihm entfernt lief die Chaussee nach Oppenheim. Nur jetzt nicht steckenbleiben. Zu Abend in der Stadt sein. Stadt, das war die Höhle mit ihren Schlupfwinkeln, ihren gewundenen Gängen. Sein ursprünglicher Plan. Bis zur Nacht nach Frankfurt, gleich hinaus zu Leni. Einmal bei Leni, war ihm das Weitere einfach erschienen. Anderthalb Stunden Eisenbahnfahrt zwischen Sterben und Leben mussten überwindbar sein. (…)
Über die Chaussee fuhren die ersten Lichter. Georg überstieg den Graben. Ein Ruck in seinem Kopf: Mich bekommt ihr nie. Er war mit demselben Ruck auf einem Brauereiauto. Dann war ihm schwindlig vor Schmerz, weil er beim Sprung mit der kranken Hand zugepackt hatte. Sie fuhren sofort, wie ihm schien, in Wirklichkeit aber erst nach einer Viertelstunde, in einen Hof in einer Gasse in Oppenheim. Der Fahrer merkte erst jetzt, dass er einen Passagier gehabt hatte. Er brummelte: „Wirds bald!“ Weil ihm etwas an Georgs Abspringen, an seinen ersten taumeligen Schritten auffiel, drehte er nochmals den Kopf: „Willst du vielleicht nach Mainz?“ – „Ja“, sagte Georg. „Wart mal“, sagte der Fahrer.

Franz war sicher nicht der einzige, der in dieser Herbstnacht wach lag und dachte: Wie, wenn meiner dabei wäre? Er war gewiss nicht der einzige, der sich quälte, unter den Flüchtlingen aus dem Lager könnte der sein, den er meinte. Franz wälzte sich hin und her auf dem Bett in der Kammer, die er sich ausbedungen hatte, seit er für seinen Unterhalt hier etwas zahlte. In aller Eile hatte man gestern abend noch ein paar Bretter an die Wand genagelt, denn die Apfelernte war überreich (…) Franz seufzte. Er legte sich wieder. „Warum soll gerade er dabei sein“, dachte er zum hundersten Mal. Er dachte auch: „Er oder ein anderer –“ Für Franz war der, den er meinte, Georg, sein Freund aus früheren Jahren, ja, war er denn eigentlich sein Freund? „Gewiss, sogar mein bester, mein einziger“, dachte Franz plötzlich. Er war ganz verstört durch diese Einsicht.

Wenn er auch etwas langsam im Denken und Kombinieren war, konnte sich Franz doch einigermaßen zusammenreimen, was er in den nächsten Minuten von seinem Platz in der Konditorei aus zu sehen bekam. In der kleinen stillen Straße gab es ganz kurz einen beträchtlichen, wenn auch nicht auffälligen Verkehr. (…) Aus der ersten [Autodroschke] waren inzwischen drei junge Leute in gewöhnlicher Straßenkleidung aus- und nach einem kurzen Aufenthalt im Haus wieder eingestiegen, eine vierte Person mit sich führend. Franz hätte schwören können, dass die vierte Person der Mann sei, den er eine Sekunde lang mit Georg verwechselt hatte, denn die Begleiter verstellten schlau oder zufällig die Sicht zwischen Wagenschlag und Haustür. Aber das merkte er, dass diese vierte Person nicht einfach und anständig mitging, sondern zwischen den straffen raschen Bewegungen der Begleiter wie ein Betrunkener oder Kranker wirkte. Als sie dann abfuhren, ohne dass der Motor inzwischen abgestellt worden war, fuhr auch die zweite Autodroschke langsam an Ellis Haustür vorbei, mit dem kürzesten Aufenthalt. Zwei Passagiere liefen ins Haus, kamen zurück, eine Frau zwischen sich. (…)
Franz erwartete, jeden Augenblick selbst gestellt zu werden. Er kam aber mit seinem Rad unbehelligt aus der Gegend heraus.
Georg ist also unter den Flüchtlingen, sagte sich Franz, sie bewachen seine Verwandten, seine vermeintliche Frau, sicher auch seine Mutter. Sie vermuten ihn hier in der Stadt. Vielleicht ist er wirklich hier versteckt?

In der Zeit vor seiner Haft, in dem Leben vor dem Tod, hatte es Menschen gegeben, auf die man sich felsenfest verlassen konnte. Franz war darunter gewesen – aber Franz war weit weg, glaubte Georg. (…) Ein paar Dutzend Menschen gingen durch seinen Kopf, die wohl gerade ihr Handwerk ausübten, an einem Essen herumstocherten. Ahnungslos, auf welche furchtbare Waage sie in diesem Augenblick gelegt wurden. (…) Georg ließ schließlich vier [von ihnen] gelten.
Bei jedem der vier, glaubte er fest, könnte er Unterkunft finden. Wie zu ihnen kommen?

Anna Seghers (1900–1983)

Nimm an, Georg entscheidet sich nachzuforschen und findet Franz. Bei einem Gespräch in der Kammer von Franz erzählen sie sich gegenseitig ihre Gedanken und Erlebnisse der letzten Tage.
Schreibe einen dramatischen Text für eine Bühnenaufführung, der diese Begegnung in Szene setzt!

7.4 Checkliste: Gestaltende Interpretation

Vorarbeiten

1. Bei Kurzprosatexten hast du den vorliegenden Text aufmerksam gelesen und im Hinblick auf die Aufgabenstellung entsprechend bearbeitet. ☐

2. Bei literarischen Ganzschriften hast du – sofern kein Textauszug vorliegt – entscheidende Textstellen herausgesucht und nachgelesen, um dich deiner Vorkenntnisse zu vergewissern. ☐

3. Dabei hast du auf sprachliche Besonderheiten der Erzählweise oder einzelner Figuren geachtet, um diese in deinen eigenen Text aufzunehmen. ☐

4. Du bist dir darüber klar geworden, welche Perspektive du einnehmen solltest. Dazu gehört auch, dass du einschätzen kannst, unter welchen Voraussetzungen die Figuren, in die du dich hineinversetzen sollst, sich einander mitteilen bzw. zusammentreffen, wie sie zueinander stehen und was sie zum Zeitpunkt des Schreibens wissen können. ☐

5. Darüber hinaus ist dir bewusst, welche spezifischen Anforderungen mit der Textsorte, die von dir erwartet wird, verbunden sind (z. B. Datumsangabe bei Brief oder Tagebuch; Angaben zum Bühnenbild und Regieanweisungen bei dramatischen Texten). ☐

6. Dies beinhaltet auch die sprachliche Gestaltung, etwa hinsichtlich Tempus oder einer möglicherweise erforderlichen Sachlichkeit bzw. emotionalen Darstellung. ☐

7. Du hast dir einen Schreibplan erstellt, der dir wie eine Gliederung helfen soll, deine Ausführungen sinnvoll und geordnet darzulegen bzw. keine Aspekte zu vergessen. ☐

Schreiben

1. Du hast – sofern notwendig – einen Adressatenbezug (z. B. bei einem Brief, einer Rede, einem Zeitungsartikel) berücksichtigt. ☐
2. Du hast deine Ausführungen durch Absätze klar gegliedert und für den Leser nachvollziehbar gemacht. ☐
3. Teile der literarischen Vorlage sind von dir für deinen eigenen Text nutzbar gemacht worden. ☐
4. Du hast ein sinnvolles Ende gefunden, das der Textsorte angemessen ist (z. B. Grußformel; Abgang von Figuren von der Bühne etc.). ☐
5. Du hast dir deinen eigenen Text noch einmal durchgelesen und dabei auf Ausdrucksweise, Satzbau, Zeichensetzung und Rechtschreibung geachtet. ☐

Lösungen

Erörterung

1 Freie Erörterung

1.1 Start

c), b), a), b), a), a), b), b)
Lösungswort: A R G U M E N T

1.2 Typen der freien Erörterung

1

Lineare Erörterungsthemen sind 1., 4., 7. und 13.
Dialektische Aufgabenstellungen sind 2., 3., 5., 6., 8., 9., 10. und 12.
Aufgabe 11. ist eine Mischform. Die Überprüfung der These fordert dich auf, Argumente wie Gegenargumente zu berücksichtigen, während der zweite Teil eine lineare Darstellung erzwingt.

2

Formulierungen, die auf eine dialektische Erörterung schließen lassen, sind beispielsweise:
- Erörtere, ob/inwieweit du dieser Meinung/Auffassung zustimmen kannst!
- Setze dich mit dieser Behauptung auseinander!

1.3 Die lineare Erörterung – Arbeitsschritte

1

a) Deine ungeordnete Stoffsammlung zum Thema könnte folgende Aspekte beinhalten:
- Schlankheitswahn, Diäten
- Schönheitskult
- Operationen als letztes Mittel
- Models in Zeitungen, Fernsehen
- Musikvideos
- Fernsehsendungen mit Schönheitsoperationen
- Körperkult
- auch immer mehr Jungen legen Wert auf ihr Äußeres
- Bedeutung von Aussehen für Partnerfindung
- Mädchen leiden unter zu kleinem/großem Busen
- Zahnspange als Schönheitskorrektur hat heute doch jeder
- Angebote für Operationen in den Medien
- Vorbilder im Show-Geschäft

b)
- Elektronik in Autos
- Intensivmedizin
- Telekommunikation
- E-Mail
- Internet
- Textverarbeitung
- Digitale Bildbearbeitung
- Handy
- Jeder hat heute einen PC
- Laptops – Computer überall einsatzbereit
- GPS Satellitensystem
- Filmindustrie (animierte Cartoons, Special Effects)
- Rüstung (Überwachung, computergesteuerte Waffen)

Eine abschließende Stellungnahme könnte lauten: Aussage ist zutreffend, Computer sind nicht mehr aus unserem Leben wegzudenken.

2

So könnte deine Mindmap aussehen:

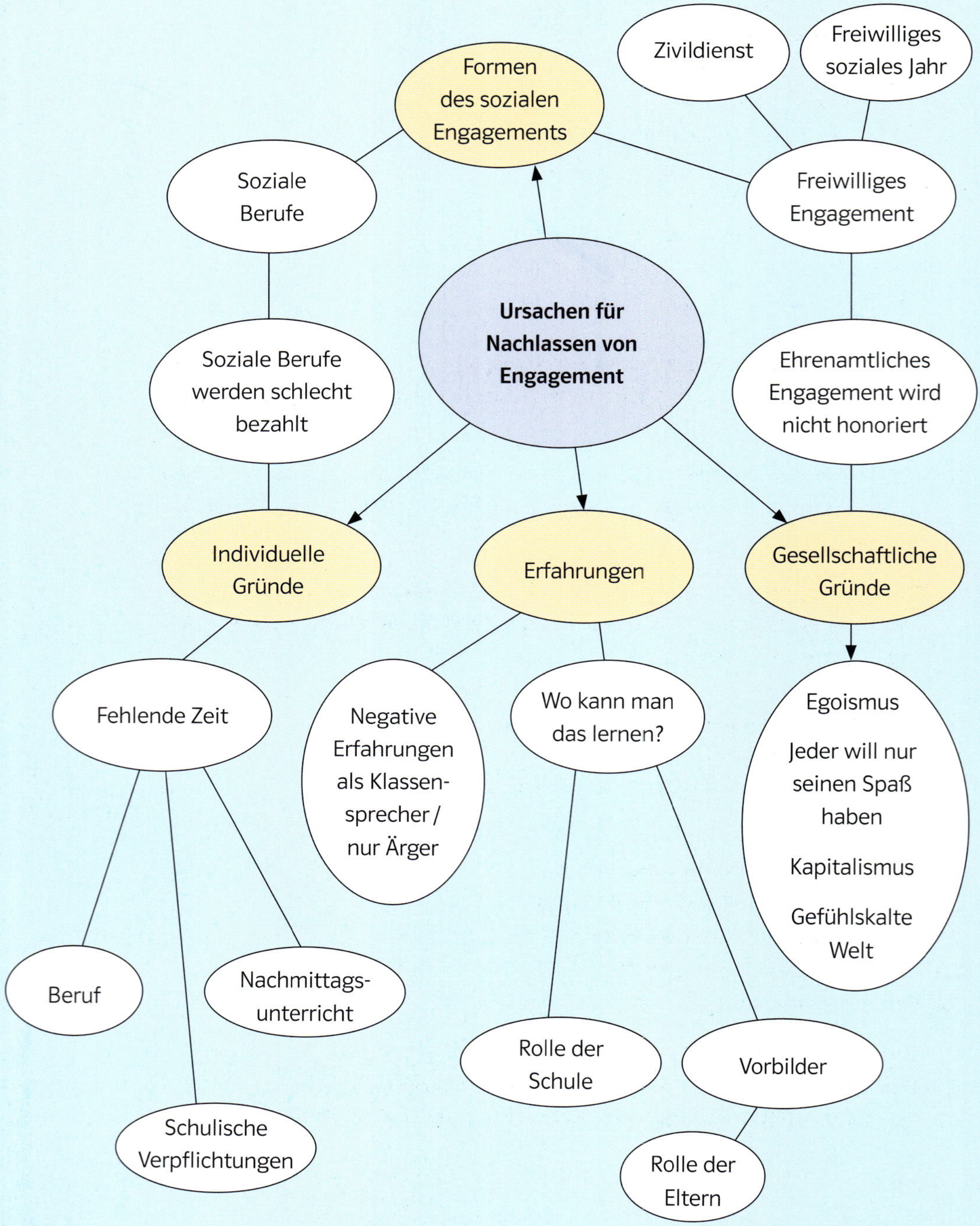

3

Folgende Punkte könnten zunächst in deiner ungeordneten Stoffsammlung enthalten sein:

- Skandale von Politikern
- Politik ist langweilig
- Politik ist so kompliziert
- Ich lese keine Zeitung
- Politiker interessieren sich nicht für Jugendliche
- Politiker wollen nur wiedergewählt werden
- Schmiergelder aus der Wirtschaft
- Bestechungen/Nebeneinkünfte von Politikern
- Politiker machen doch sowieso, was sie wollen
- Man kann doch nichts ausrichten

Folgende übergeordnete Gesichtspunkte sind möglich:

a) Fehlverhalten von Politikern (Skandale, Bestechungen, Schmiergelder, Nebeneinkünfte mit Beispielen)

b) Verhalten von Jugendlichen, der Einzelne und die Politik (Politik ist langweilig und kompliziert; ich verfolge die Nachrichten nicht, auch aus meiner Klasse nur wenige)

c) Wirkung von Politikern und Politik (Gefühl, nichts ausrichten zu können; Politiker interessieren sich nicht für Jugendliche, nur Interesse an Wiederwahl; Politiker machen, was sie wollen)

So könnte deine Gliederung aussehen:

1. Fehlverhalten von Politikern
1.1 Bestechungen, Schmiergelder, Nebeneinkünfte
1.2 Skandale

2. Wirkung von Politikern auf Jugendliche
2.1 Politiker interessieren sich nicht für Jugendliche
2.2 Ausschließliches Interesse: Wiederwahl
2.3 Politiker machen, was sie wollen
2.4 Gefühl der Machtlosigkeit

3. Verhalten von Jugendlichen
3.1 Grundeinstellung: Politik ist langweilig und kompliziert
3.2 Kein Interesse (kein Verfolgen der Nachrichten/Zeitunglesen)

1.4 Die dialektische Erörterung – Arbeitsschritte

1

Folgende Punkte könnten in deiner ungeordneten Stoffsammlung enthalten sein:

Pro
- sexistisch / frauenfeindliche Darstellung
- gewaltverherrlichend
- Beispiel?
- Amoklauf von Erfurt
- Computer führen zur Isolation / manche verbringen Zeit nur noch vor dem Bildschirm

Contra
- spannend
- phantastische Animationen
- Computerspiele führen nicht zu Gewalt im richtigen Leben
- Man kann gemeinsam spielen

2

a) Unter der Annahme, dass du außerunterrichtliche Veranstaltungen wie Ausflüge oder Betriebsbesichtigungen nicht missen möchtest, solltest du zuerst die negativen Aspekte nennen, um diese dann mit positiven Argumenten zu entkräften.
So könnte deine aspektbezogene Gliederung aussehen:

1. Unterrichtsausfall
1.1 Unterrichtsausfall durch Aktivitäten
1.2 Mehr Unterrichtsausfall durch Abitur, Konferenzen, Lehrerfortbildung

2. Gemeinschaft erleben
2.1 Gruppenarbeit, Teamarbeit, sportlicher Wettkampf in der Schule fördert Gemeinschaft
2.2 Starkes Gemeinschaftserlebnis im Schullandheim, gemeinsame Aktivitäten außerhalb der Schule fördern Kennenlernen in stärkerem Maße

3. Lernerfolg/Fortschritt
3.1 Stoff des Bildungsplans muss durchgebracht werden; Fülle des Stoffes
3.2 Anschauliches Lernen vor Ort (Betriebsbesichtigung)
3.3 Man kann nicht alles aus Büchern lernen, um es zu verstehen (z. B. Fahrten zu Konzentrationslagern)

b) Unter der Annahme, dass du die Chancen höher bewertest als die Probleme, solltest du immer zuerst die Probleme darstellen. So bleiben die Chancen dem Leser auch am Ende am besten in Erinnerung.

So könnte deine aspektbezogene Gliederung aussehen:

1. Ausländer in Deutschland
1.1 Herkunft, Tradition und Lebensweisen

2. Kriminalität
2.1 Kriminalität durch Ausländer
2.2 Kriminalität durch Deutsche

3. Deutschland ohne Gastarbeiter / ausländische Mitbürger?
3.1 Arbeitslosigkeit von Deutschen
3.2 Gastarbeiter und Greencard: Deutschland braucht Fachkräfte

4. Deutschland als multikulturelle Gesellschaft
4.1 Problem der Integration
4.2 Staatliche Maßnahmen zur Integration (Sprachförderung)
4.3 Verschiedene Kulturen können voneinander lernen
4.4 Toleranz als Tugend

1.5 Die sprachliche Gestaltung

1

Der Autor steht sicherlich der Ausgangsthese kritisch gegenüber, da er die Argumente, die für einen mangelnden Informationswert sprechen, zuerst aufzeigt, um dann Beispiele zu nennen, in denen Informationen vermittelt werden.

2

Übergeordnete Gesichtspunkte sind:

1. Programmgestaltung und 2. Nachrichten

3

Verbesserungen und treffendere, gewichtigere Formulierungen sind in blauer Schrift gedruckt.

Sicherlich ist Kritikern Recht zu geben, wenn man an die privaten Fernsehstationen denkt. Diese finanzieren sich ausschließlich durch Werbung und sind deshalb auf Zuschauer angewiesen. Deshalb setzen sie auf Unterhaltung und bringen vornehmlich Spielfilme, Quizshows und Soaps wie „GZSZ“ oder „Verbotene Liebe“.
Auf der anderen Seite ist zu betonen, dass die öffentlich-rechtlichen Sender durchaus ein ziemlich ausgewogenes Angebot an Informations- und Unterhaltungssendungen bringen. Bei den Informationssendungen ist nicht nur an die Nachrichten zu denken, sondern auch an die vielen politischen Magazine (z. B. „Brennpunkt“) oder Talkshows mit hochrangigen Gästen (z. B. „Christiansen“).
Noch wichtiger zur Beurteilung der Fragestellung, ob der Informationswert des Fernsehens null und nichtig sei, ist die Betrachtung der Nachrichtensendungen. Man muss einräumen, dass Nachrichten auf den privaten Kanälen weniger der Information, sondern eher dem Infotainment, also bestenfalls der informativen Unterhaltung dienen. Dabei werden Fakten **zugegebenermaßen** zu Sensationen aufgebauscht. Ihre Nachrichten betonen daher auch Unglücksfälle und Katastrophen wie z. B. Überschwemmungen oder Verbrechen.
Entscheidend ist jedoch, dass bei ARD und ZDF die harten Fakten wie z. B. Arbeitslosenstatistiken oder die Berichte von Staatsbesuchen dominieren. Aufmachung und Berichterstattung sind seriös.
In Anbetracht dieser Tatsachen kann wohl niemand behaupten, dass der Zuschauer im Fernsehen nicht gut informiert sind.

4

Deine ungeordnete Stoffsammlung sollte folgende Gesichtspunkte enthalten:

- Pressefreiheit im Grundgesetz
- Informationsbedürfnis der Öffentlichkeit
- Schwarze Schafe gibt es überall
- Unterscheidung von Boulevard-Journalismus (Bild-Zeitung) und seriöser Presse
- Lady Di in den Tod getrieben
- Politiker werden in den Schmutz gezogen (Jugendsünden)
- Beispiel: Amerika
- Wo ist die Grenze für die Einschränkung der Pressefreiheit?
- Leserinteresse an Schlagzeilen
- Öffentlich-rechtliches Fernsehen und private Sender

- Schutz von Prominenten?
- Publicity-Sucht von Promis; diese suchen doch auch nach Schlagzeilen
- Selbstzensur: erfolgreiches Beispiel: Tour de France; Deutschland: Privatleben von Spitzenpolitikern im Wahlkampf
- Einschränkung der Pressefreiheit in Russland
- Schlechte Erfahrungen im Nationalsozialismus
- Schlussfolgerung: Pressefreiheit muss als wertvolles Gut voll erhalten bleiben

Mögliche übergeordnete Aspekte könnten sein:

A. Unterscheidung von Boulevardjournalismus und seriösen Medien (Zeitungen, Fernsehen); Informationsbedürfnis der Öffentlichkeit, Nachfrage nach Schlagzeilen

B. Pressefreiheit (Grundrecht; Erfahrungen mit Einschränkungen von Pressefreiheit; Bedeutung von Pressefreiheit)

C. Verletzung der Privatsphäre insbesondere bei Prominenten (Lady Di, Amerika, Publicity-Sucht von Personen des öffentlichen Lebens)

D. Selbstzensur (schlechte Erfahrungen; schwarze Schafe; erfolgreiche Beispiele: Tour de France; Privatleben deutscher Politiker)

Und so könnte dann deine Gliederung aussehen:

1. Unterscheidung von Boulevardjournalismus und seriösen Medien
1.1 Machart der Bildzeitung/ Private Fernsehsender
1.2 Zurückhaltung der seriösen Medien

2. Verletzung der Privatsphäre bei Prominenten
2.1 Verfolgung und Tod von Lady Diana
2.2 Zustände in Amerika
2.3 Publicity-Sucht von Personen des öffentlichen Lebens

3. Selbstzensur
3.1 Schwarze Schafe gibt es überall
3.2 Erfolgreiche Beispiele: Tour de France; Privatleben deutscher Politiker

4. Pressefreiheit
4.1 Erfahrungen mit eingeschränkter Pressefreiheit
4.1.1 Nationalsozialismus
4.1.2 Russland
4.2 Schwierige Grenzziehung zwischen Meinungs-/Pressefreiheit und Schutz des Einzelnen
4.3 Pressefreiheit als wertvolles Gut im Grundgesetz verankert

Aus diesen Vorarbeiten ergibt sich ein Hauptteil, den du folgendermaßen formulieren könntest:

Es dürfte kaum richtig sein, allen Journalisten zu unterstellen, dass sie die Privatsphäre von Menschen mit ihren Berichten und Fotos verletzen. Hilfreich ist in diesem Zusammenhang sicherlich die Unterscheidung zwischen einem Boulevardjournalismus, wie ihn die Bild-Zeitung pflegt, und seriösen Medien. Journalisten der sogenannten Regenbogenpresse, die Menschen gern in den schillerndsten Farben darstellt, sind zugegebenermaßen stets auf Sensationen und Skandale aus. Mit der Konkurrenz im Nacken und der Suche nach exklusiven Bildern und Geschichten fällt es ihnen sicher nicht immer leicht, die nötigen Grenzen zu respektieren.
Ich denke, man muss aber diesen Medienmachern die Vielzahl der Reporter gegenüberstellen, die unser tägliches Informationsbedürfnis in hervorragender Weise befriedigen. Man denke nur an die große Menge der seriösen Blätter bzw. an die öffentlich-rechtlichen Fernsehsender, deren gute Arbeit hier hervorzuheben ist.
Problematisch ist jedoch im allgemeinen nicht die Verletzung der Privatsphäre des Normalbürgers, sondern die von Menschen, die im öffentlichen Interessen stehen. In diesem Zusammenhang ist also an Prominente aus der Politik, der Film- und Musikindustrie oder des Sports zu denken.
Ohne Zweifel hat es schlimme Entgleisungen von Journalisten in den vergangenen Jahren gegeben. Den meisten dürfte noch in Erinnerung sein, wie Lady Diana ihre Söhne und sich selbst vor der Meute der Journalisten schützen wollte. Schließlich raste sie von Paparazzis verfolgt in den Tod.
Auch die Zustände in Amerika sollten uns zu denken geben. Wenn dort Jugendsünden eines Politikers ausgeschlachtet werden oder Untersuchungsberichte über Sexualkontakte eines Präsidenten ins Internet gestellt werden, muss man das Verhalten von Journalisten in der Tat kritisch unter die Lupe nehmen.
Auf der anderen Seite scheint mir wichtig zu sein, dass Menschen, die im Rampenlicht stehen, stets auch die Presse suchen. Sie leben davon, dass Journalisten über sie berichten, sodass es ein zweischneidiges Argument ist, zu behaupten, die Medien sollten sie einfach in Ruhe lassen.
Sinnvoll wäre in jedem Fall ein Pressekodex, in dem sich Journalisten freiwillig dazu verpflichten, gewisse Grenzen einzuhalten. Es bleibt die Tatsache anzuerkennen, dass manche Journalisten trotzdem diese Grenzen überschreiten werden. Dennoch ist einzuräumen, dass es überall schwarze Schafe gibt. Auf der anderen Seite ist zu betonen, dass es viele Reporter gibt, die sich auch ohne Festschreibung schon an Grenzen halten, die ihnen ihr Anstand vorgibt.
Darüber hinaus ist trotz aller Kritik hervorzuheben, dass es bei uns in Deutschland durchaus erfolgreiche Beispiele dafür gibt, dass eine Selbstzensur gelingen kann.

Bei der Tour de France müssen sich die Fahrer häufig während der Fahrt ihres Urins entledigen. International gibt es keine Kamera, die Bilder einfängt, wie dies geschieht. Ferner ist bemerkenswert, dass trotz der parteipolitischen Differenzen das Privatleben von Politikern keine Rolle spielt. Es bleibt selbst im Wahlkampf tabu, zu erwähnen, ob jemand homosexuell oder geschieden ist.
Entscheidend ist für mich, dass die Pressefreiheit als Grundrecht ein hohes Gut ist. Wir in Deutschland haben vor 60 Jahren furchtbare Erfahrungen mit der Einschränkung von Meinungs- und Pressefreiheit machen müssen. In vielen Ländern der Welt darf nicht über politische Missstände berichtet werden. Journalisten sind der Gefahr ausgesetzt, wenn sie solche Missstände aufdecken, dass sie verhaftet werden.
Es stellt sich daher die Frage, wo die Grenze zu ziehen ist zwischen der notwendigen Pressefreiheit im Interesse der Allgemeinheit und dem Schutz des Einzelnen. Vermutlich ist es unmöglich, eine definite Grenze anzusetzen.
Die Pressefreiheit ist ein erkämpftes Recht, das im Grundgesetz verankert ist, ein Recht, dass wir nicht leichtfertig aufs Spiel setzen sollten.

1.6 Der Rahmen einer Erörterung – die Einleitung

1

Mögliche Einleitungen aus deinem persönlichen Erfahrungsbereich:

a) Als ich neulich mit der Straßenbahn nach Hause fuhr, schrieb ich eine SMS an meine beste Freundin. Eine alte Frau saß mir gegenüber und fragte, was ich da machen würde. Auf meine Erklärung erwiderte sie, zu ihrer Zeit hätte es das nicht gegeben. Spontan rutschte mir heraus, ohne mein Handy könnte ich nicht leben. Später musste ich über die Begegnung nachdenken und fragte mich, ob ich das Mobiltelefon wirklich brauche. Die Gedanken, die mir in diesem Zusammenhang durch den Kopf gingen, habe ich im folgenden zu Papier gebracht.

b) Mathestunde, 10.20 Uhr. Der Unterricht wollte wieder einmal nicht zu Ende gehen. Meine Nachbarin sprach aus, was ich im Stillen dachte. „Warum müssen wir das langweilige Zeug lernen? Das braucht man später sowieso nicht." Zuhause erzählte ich das meinen Eltern, die aber ganz anderer Meinung waren. Das hat mich verunsichert und zum Nachdenken angeregt über das, was wir in der Schule lernen. Einige dieser Überlegungen möchte ich zur Klärung schriftlich fixieren.

2

a) *Einleitung mit rhetorischer Frage:*

„Warum müssen wir uns eigentlich damit beschäftigen? Wir können uns doch nicht ewig dafür schuldig fühlen!?" Solche Fragen hört man immer häufiger, wenn es darum geht, sich in der Schule mit dem Nationalsozialismus auseinander zu setzen oder sogar Gedenkstätten wie Konzentrationslager zu besuchen. Ist es sinnvoll, solche Stätten aufzusuchen oder sollten wir die Geschichte nicht endlich einmal ruhen lassen? Dieser Frage möchte ich in meiner Erörterung nachgehen.

b) *Hauptteil (Ausschnitt)*

Unter der Annahme, dass du solche Fahrten befürwortest, könnte ein Ausschnitt des Hauptteils folgendermaßen aussehen:

Es ist sicher richtig, wenn behauptet wird, dass das Thema Nationalsozialismus einen vielleicht zu großen Stellenwert in der Schule einnimmt. In beinahe jeder Jahrgangstufe wird in den Fächern Deutsch, Geschichte oder Religion darauf Bezug genommen.

Auf der anderen Seite belegen Umfragen immer wieder in erschreckender Weise, wie wenig Jugendliche tatsächlich über das Thema wissen. Gerade die Klasse 10, die für nicht wenige den Abschluss ihrer Schullaufbahn bedeutet, ist die beste Zeit, sich intensiv mit der Zeit des Nationalsozialismus auseinander zu setzen. Hier haben die Schüler die notwendigen historischen Kenntnisse und den persönlichen Reifegrad für eine sachliche Analyse der Vorgänge. Dies sind entscheidende Voraussetzung für das Verstehen und Nachempfinden. In diesen Zusammenhang gehört auch der wichtige Aspekte einer Fahrt zu einer der Gedenkstätten.

1.7 Der Rahmen einer Erörterung – der Schluss

1

Fortsetzung und Schluss der obigen Erörterung:

Nach Abwägung der Argumente komme ich zu dem Ergebnis, dass Fahrten zu nationalsozialistischen Gedenkstätten eine zentrale Funktion für das Verständnis der damaligen Zeit besitzen. Erst durch den persönlichen Eindruck der Gegebenheiten vor Ort wird einem klar, wie viel Leid Menschen erleben mussten. Diese wichtige Erfahrung kann nicht mit Büchern im Klassenzimmer gemacht werden.

2

Deine Stellungnahme könnte folgendermaßen aussehen:
Nach den obigen Ausführungen komme ich zu dem Ergebnis, dass man den gegenwärtigen Trend im Fernsehen nur bedauern kann. Sicherlich sind die privaten Fernsehsender zu einem großen Teil schuld an der Entwicklung, aber sie entsprechen damit in hohem Maße der Nachfrage bzw. den Erwartungen der Zuschauer. Für mich persönlich gibt es daraus nur eine einzige Konsequenz: Abschalten!

1.8 Die anlassbezogene Erörterung

1

Rede des Mittelstufensprechers zur Streichung außerunterrichtlicher Aktivitäten:

Liebe Klassensprecherinnen und Klassensprecher,
liebe Mitschülerinnen und Mitschüler,
vielen Dank, dass ihr so zahlreich erschienen seid. Ihr wisst, warum wir euch zusammengerufen haben, um in dieser außerordentlichen SMV-Sitzung die Position der Schüler zu klären. Auf Drängen von Eltern und Lehrern hat die Schulleitung beschlossen, Klassenfahrten, Betriebsbesichtungen und andere außerunterrichtliche Aktivitäten deutlich einzuschränken, damit nicht so viel Unterricht ausfällt. Uns Schüler hat man bisher nicht dazu befragt, aber es wäre wichtig, unseren Standpunkt in der Schulkonferenz deutlich zu machen. Ich möchte – sofern ihr mir zustimmt – mich dafür stark machen, dass das bisherige Angebot in vollem Umfang aufrechterhalten wird.
Sicherlich ist einzuräumen, dass der Unterricht zu häufig ausfällt. Dies ist in der Tat zu beklagen, schließlich sollen wir in der Schule etwas lernen. Es fragt sich nur, wofür der Unterricht ausfällt. Dies wird nämlich hauptsächlich nicht durch außerunterrichtliche Aktivitäten hervorgerufen, sondern durch Krankheit von Lehrern, Fortbildungen und insbesondere die zentralen Prüfungen wie z. B. das Abitur. Hier sollte meines Erachtens nicht etwas als Sündenbock herhalten, was gar nichts mit der Sache zu tun hat.
Neben den fachlichen Kenntnissen soll Schule auch soziale Fähigkeiten wie Teamarbeit vermitteln. Arbeiten in einer Gemeinschaft ist sicher nicht immer leicht und muss deshalb trainiert werden.
…

Test

Aufgabenstellung

Hast du erkannt, dass es sich um eine dialektische Erörterung handelt, die von dir verlangt wird?

Hast du dir klar gemacht, ob du für oder gegen diese Regelung bist? Dies ist für die Anordnung der Argumentation und die Schlussfolgerung entscheidend!

Stoffsammlung

Hast du folgende Aspekte berücksichtigt?

Vorteile

- Verweis auf Erfahrungen in Frankreich
- USA: Führerschein ab 16
- abends nach Hause kommen
- Sicherheit für Mädchen
- Führerschein gehört zum Erwachsenwerden
- Alkohol und Rauchen auch ab 16 Jahren
- mit 16 Jahren ist man kein Kind mehr
- Führerschein nur für langsames Auto bedeutet keine Gefahr

Nachteile

- eigene Sicherheit
- Sicherheit anderer Verkehrsteilnehmer
- die meisten Unfälle werden durch junge Fahrer (18 – 23) verursacht
- jugendlicher Leichtsinn
- Alkohol am Steuer
- Strafmündigkeit: Wer haftet bei Unfällen?

Hast du die Stoffsammlung nach **übergeordneten Aspekten** sortiert?
(z. B. rechtliche Aspekte, Alkohol und Führerschein, Sicherheit und Gefahrenpotenzial, ausländische/EU-Regelungen)

Hast du Beispiele für einzelne Aspekte angeführt?

Gliederung
Hast du eine detaillierte Gliederung entworfen?
Hast du dich bei der Gliederung für eine blockartige Anordnung entschieden oder eine aspektbezogene Anordnung gewählt?
Was ist für dich der wichtigste Aspekt?
Ist die Anordnung der Argumente steigernd angelegt?

Einleitung
Hast du deine Einleitung mit einem Beispiel aus deinem persönlichen Erfahrungsbereich, einer Frage oder einer allgemeingültigen Behauptung begonnen?
Hast du den Leser über das Thema deiner Erörterung informiert?

Hauptteil
Hast du deine Position und die Steigerung der Argumente auch sprachlich deutlich gemacht?

Schluss
Hast du dem Leser noch einmal klar gemacht, welche Position du vertrittst?
Hast du eine Formulierung verwendet, die auf den Schluss deiner Erörterung hindeutet?

2 Textgebundene Erörterung

2.1 Aufbau des Aufsatzes

1

vornehmlich inhaltlich erfassen: a), c), d), g)
intensiv analysieren: b), e), f)

2.2 Die Einleitung

1

Situation der Jugendlichen heutzutage: ihr Verhältnis zu den Erwachsenen; ihr Stellenwert in der Gesellschaft; ihre Freiheiten und die Zwänge, denen sie ausgesetzt sind.

2

Erster Teil („Überprüfe, inwiefern … ausgesetzt ist"): These Fehrenbachs, Jugendliche seien einem großen Druck ausgesetzt (vgl. auch seine Beispiele, Z. 44–47), ist kritisch und differenziert zu beleuchten (für welche Lebensbereiche der Jugendlichen gilt das in welchem Maß?), eigene Einschätzung ist zu begründen.
Zweiter Teil („erörtere Strategien …"): hier wird eine freie Erörterung verlangt, die an der Einschätzung aus dem ersten Erörterungsteil ansetzt.

3

Vorschlag für eine Einleitung:
Nicht zuletzt die Ideale, die uns in der Werbung vorgeführt bzw. vorgegeben werden, zeugen vom Anspruch vieler Menschen in unserer heutigen Gesellschaft, jung zu bleiben, die Jugend solange wie möglich zu erhalten. „Unser Jugendkult", wie Oskar Fehrenbach schon in der Überschrift seines Zeitungsartikels dieses Phänomen bezeichnet, bringt eine veränderte Situation der Jugendlichen mit sich: Die Jugendlichen scheinen sich einer größeren Freiheit zu erfreuen, als das jemals in der Geschichte der Fall war; vielleicht führt aber gerade diese Freiheit auch zu größerem Druck, zu mehr Zwängen. Dieser Fragestellung geht Fehrenbach mit seinem Text nach.

2.3 Wiedergabe von Gedankengängen

1

Z. 1–7: Der Jugendkult – Anspruch und Anstrengungen, jung zu bleiben
Z. 8–19: „Prohibitive" Erziehung – die Situation Jugendlicher in früheren Zeiten
Z. 20–31: Autonomie und Freiheit der Jugendlichen heutzutage
Z. 32–40: Bewertung und Ursachen der Entwicklung
Z. 41–48: Bewertung der Situation heutiger Jugendlicher

2

Beispiel für eine nicht begründete These:
„Jedenfalls tut jeder, was er kann, um nicht zum alten Eisen zu gehören." (Z. 6 f.)

Beispiel für eine begründete These:
„Wer diese Entwicklung beklagen wollte, wäre jedoch auf dem falschen Dampfer." (Z. 32 f.) – Begründung und Beispiel schließen sich in den beiden folgenden Sätzen an.

3

Vorschlag für die Textwiedergabe:
Fehrenbach beginnt mit der Feststellung, es gebe „nichts Vergänglicheres als die Jugend" (Z. 1). Sie verrausche „im Hui" (Z. 1 f.).
→ Textwiedergabe im Konjunktiv I mit eingestreuten Zitaten
Die „Anstrengungen" (Z. 2 f.), um sich die Jugend möglichst lange zu erhalten, sich zumindest jugendlich zu fühlen, nehmen daher immer mehr zu, so Fehrenbach.
→ Textwiedergabe im Indikativ, aber durch eine entsprechende Wendung – „so Fehrenbach" – als solche gekennzeichnet
Manche Menschen blieben „im Kopf jünger, manche nur in den Beinen" (Z. 6 f.). Schließlich tue freilich jeder, was er könne, um nicht als alt zu erscheinen.
→ Textwiedergabe im Konjunktiv I; die Personalform „blieben" ist als Konjunktiv II eine Ersatzform für den sonst nicht erkennbaren Konjunktiv I.

2.4 Texterschließung über zentrale Begriffe

1

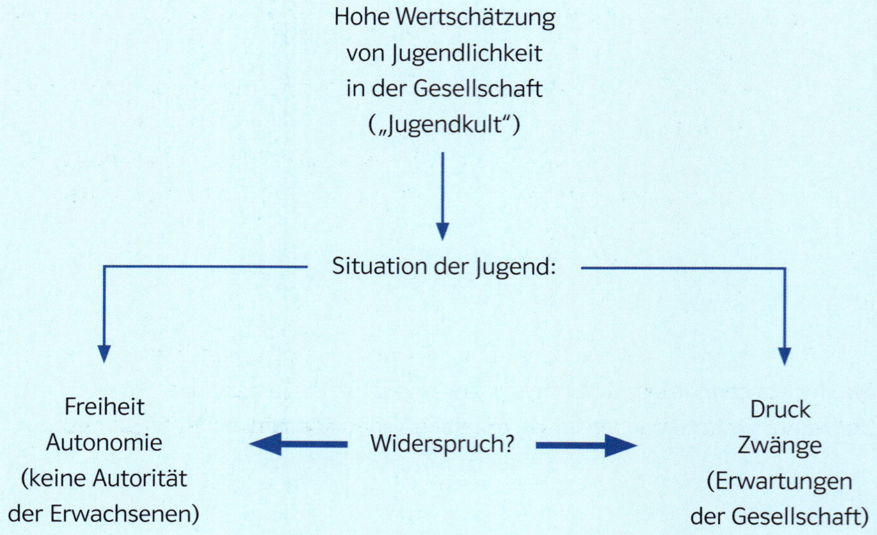

2

Der Begriff „Charakter“ wird hier im Sinne von Charakterfestigkeit gebraucht, zu der es möglicherweise gehört, für bestimmte Interessen und Anliegen mit ganzem Herzen und nahezu bedingungslos einzutreten – wobei es zunächst egal ist, wofür man eintritt. Freilich räumt der Verfasser ein, in diesem Sinne eher „charakterlos“ zu sein – was die Definition gleich wieder etwas in Frage stellt.

3

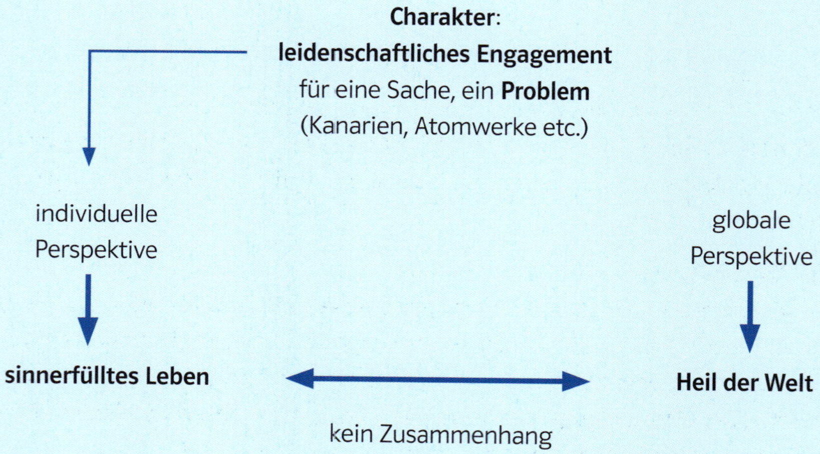

2.5 Sprachlich-rhetorische Mittel

1

a) Problematik: Einstieg in den Konsum von legalen, so genannten Alltagsdrogen (Nikotin, Alkohol)

b) Adressaten: alle am Prozess Beteiligte (Eltern, Gleichaltrige bzw. Freunde, Betroffene selbst)

c) Intention: Erschütterung der Gleichgültigkeit gegenüber diesem Prozess; Benennung möglicher Ursachen als Ausgangspunkt für die Verhinderung bzw. Eindämmung dieses Prozesses

2

Erster Abschnitt: Beschreibung des Zugangs zum Zigarettenkonsum
Zweiter Abschnitt: Beschreibung des Zugangs zum Alkoholkonsum
Dritter Abschnitt: Ursachen für den Einstieg in den Konsum von Alltagsdrogen

3

Die ersten beiden Abschnitte sind ironisch-überspitzt formuliert (vgl. drastische Bezeichnungen wie „geräucherter Säugling", Z. 2). Grau schreibt hier sehr plakativ („dicke Tabakschwaden", Z. 4) und verallgemeinernd (vgl. häufiger Gebrauch des Pronomens „man", Z. 8, 9, 10, 12, 15). Er bedient sich der Umgangssprache („hart gebechert", Z. 14) und verwendet Alltagszitate (Z. 7, Z. 14 f.).
Der dritte Abschnitt ist insgesamt wesentlich sachlicher formuliert – vgl. etwa den ersten Satz (Konditionalgefüge mit klaren Bezügen, das nicht ein effektvolles Beispiel bringt, sondern einen allgemeinen Zusammenhang benennt bzw. unterstellt).

4

Erster Abschnitt:
„der Versuch wird hoffnungslos, das Kinderzimmer gasdicht abzuschirmen" (Z. 5 f.): Diese drastische Formulierung soll aufrütteln und zeigen, dass die wehrlosen Kinder von Anfang an keine andere Chance haben, sondern auf die entsprechende Schiene gesetzt werden.

Zweiter Abschnitt:
„haben sie ihm zwar die Auslage pornographischer Zeitschriften verboten, aber Bier gibt's kastenweise" (Z. 18 – 20): Durch diesen umgangssprachlich formulierten Vergleich wird die Doppelmoral der Gesellschaft angeprangert, die vermeintlich die guten Sitten bewahrt und Jugendliche vor der Pornographie beschützt, ihnen aber leichten Zugang zu Alltagsdrogen ermöglicht.

Dritter Abschnitt:
„Sind das wirkliche Freunde, die da prägen helfen? Oder sollte nicht jeder den anderen tun lassen, was er wirklich will?" (Z. 30 f.): Diese durch das Adjektiv „wirklich" verstärkten rhetorischen Fragen sollen dem Leser einen Lösungsansatz nahe legen.

2.6 Erörterungsaufgaben

1

a) Auseinandersetzung mit der Position des Verfassers
b) Auseinandersetzung mit dem Schluss des Textes als Ausgangspunkt für eine eigenständige Erörterung
c) Auseinandersetzung mit der Position des Verfassers
d) Eigenständige Erörterung

2

Du kannst deinen Leserbrief anhand folgender Fragestellungen überprüfen:

- Hast du einen für die Leser deines Leserbriefes klaren Textbezug hergestellt?
- Hast du dich immer wieder auf Graus Ausführungen bezogen bzw. bist immer wieder von diesen ausgegangen? (Du solltest ja auf seine Darstellung reagieren!)
- Bist du strukturiert vorgegangen? Das heißt: Hast du sowohl die Beschreibung des Problems wie die Angabe der Ursachen und die angedeuteten Lösungsansätze kritisch hinterfragt?
- Hast du auch den Charakter des Textes in Frage gestellt, also überlegt, ob die behandelte Problematik in dieser Weise angesprochen werden kann oder darf? Dies ist nicht unbedingt erforderlich; wenn du es aber getan hast, solltest du dies sauber von den anderen Aspekten trennen, damit kein Durcheinander entsteht.
- Bist du zu einem klaren Fazit gekommen?
- Hast du selbst bewusst sprachliche Mittel eingesetzt?

Test

Folgende Fragen sollen dir Hinweise zur Überprüfung deines Übungsaufsatzes geben.

1

a) – Hast du den Gedankengang des Verfassers nachvollzogen? Hast du festgestellt, dass er zunächst einen vermeintlichen Widerspruch aufbaut (Z. 1–6 und Z. 7–8), um auf dieser Grundlage diese sehr „auffällige und wirksame Erscheinung unserer Tage" (Z. 8) genauer darzustellen und zu erläutern

(v.a. den Zusammenhang von Freizeit und Langeweile)? Ist dir aufgefallen, dass sich gegen Ende des Textes die Erläuterung des Phänomens mit der Ursachenforschung vermischt (etwa ab Z. 20)?
- Hast du deutlich gemacht, dass Fritzen in diesem Textauszug mehr ein Problem entwickelt als einen Ausweg anzudeuten?
- Sind dir sprachliche Besonderheiten aufgefallen? Z. B:
  - viele kurze, prägnante Sätze, die mit dem Begriff „Langeweile" beginnen;
  - kurze, auch unvollständige Sätze, die den Leser an die Gedankenführung binden sollen („Damit könnte das Thema erledigt sein", Z. 5 f.; „Ist es aber nicht", Z. 7; „Doch es ist umgekehrt", Z. 16);
  - auffällige, eindringliche, drastische Formulierungen („Machtvoll quillt sie auf", Z. 8 f.; „Verplombung leerer Zeit", Z. 18)
  - Relativierung vermeintlich positiver Effekte durch Anführungszeichen („Erfüllung", Z. 17; „Befriedigungen", Z. 32)

b) (klassische Erörterung):
- Bist du strukturiert vorgegangen? (Du kannst z. B. einzelne Aspekte aus dem Text aufgreifen, überprüfen und daran jeweils eigene Gedanken anschließen.)
- Hast du Erfahrungen aus deinem Lebensumfeld eingebracht, ohne diese zu verallgemeinern? Hast du insgesamt zwischen Thesen, Argumenten und Beispielen sauber unterschieden?
- Steht am Ende deiner Erörterung ein klares Ergebnis (nicht zu verwechseln mit Schwarzweißmalerei!), das nachvollziehbar aus deiner Erörterung hervorgeht?
- Hast du in einem angemessenen, sachlichen Stil geschrieben (keine Umgangssprache!)?

2

b) (anlassbezogene Erörterung):
- Hast du deutlich gemacht, warum dich das Thema interessiert und warum es auch für deine Leserinnen und Leser interessant sein sollte (z. B. durch Hinweise auf typische Situationen)?
- Hast du einen ansprechenden Einstieg gefunden?
- Hast du so formuliert, dass deine Leser/innen angeregt sind, deinem Gedankengang zu folgen (Leserführung)? Hast du insgesamt bewusst sprachliche Mittel eingesetzt?
- Hat dein Artikel einen klaren gedanklichen Aufbau? Führt dieser Aufbau dementsprechend konsequent zum Ergebnis deiner Überlegungen, zum Entwickeln von Lösungsansätzen?
- Gelingt es dir mit deinem Artikel, die Leser/innen zum Nachdenken anzuregen? Lässt du also auch Fragen offen, ohne eine eigene klare Position vermissen zu lassen?

Analytische Interpretation literarischer Texte

Start

1	C	H	A	R	A	K	T	E	R	I	S	I	E	R	U	N	G
2						I	N	T	E	N	T	I	O	N			
3								M	E	T	R	U	M				
4				E	N	J	A	M	B	E	M	E	N	T			
5								P	A	R	A	B	E	L			
6						P	A	R	A	P	H	R	A	S	E		
7									P	R	Ä	S	E	N	S		
8					D	I	C	H	T	E	R						
9						S	O	N	E	T	T						
10							Z	I	T	A	T						
11							T	E	X	T	S	O	R	T	E		
12				A	U	K	T	O	R	I	A	L					
13							M	O	N	O	L	O	G				
14								H	A	N	D	L	U	N	G		

Gedichte interpretieren

3.1 Inhalt und Thematik

1

Ein offensichtlich weibliches lyrisches Ich spricht hier seinen „Geliebten" an und beklagt das vergangene Liebesglück. Während man zunächst glauben könnte, dass die Beziehung in die Brüche ging, weil das lyrische Ich vielleicht verlassen wurde, stellt sich im Verlauf des Gedichts heraus, dass höchstwahrscheinlich beide Partner dem Glück der Liebe nachtrauern.

2

Thema des Gedichts ist das offenbar endgültig nicht mehr mögliche Glück zweier Liebender. Dies wird in der ersten Strophe deutlich, die nicht nur das „geschiedene Glück" (vgl. V. 4), sondern auch „Tod" und „Ende" anspricht. In der zweiten Strophe möchte das lyrische Ich sich „gemeinsam" mit dem Geliebten von der Realität abkehren, die Augen verschließen (vgl. V. 6 und „Lügen", V. 9), um sich dem rückwärts gewandten Traum vom Glück hinzugeben. Die dritte Strophe stellt nun diesem Glückszustand im Traum die dabei verdrängte leidvolle Wirklichkeit gegenüber (V. 14–15). Die vierte Strophe zeigt das Dilemma, dass das Träumen von der glücklichen Zeit nur zu noch größerem Leid durch das „grauenvolle Erwachen" (vgl. V. 16–17) führt.

3

Das Wortfeld „Weh – Tod – Ende – Trauer – Leid – Verzicht" bekommt dadurch ein besonderes Gewicht, jeder Begriff wird für sich betont. Dieses Wortfeld steht für die zentrale, schmerzliche Erfahrung des lyrischen Ich, die durch die Träume nicht gelindert werden kann, sondern letztlich sogar noch stärker empfunden wird.

4

Diese Information zur Biographie der Dichterin kann sowohl die Sprechsituation erklären als auch verständlich machen, wieso die leidvolle Erfahrung alles dominiert.

3.2 Der formale Aufbau

1

Das Gedicht ist durchgängig von Enjambements geprägt. Auf mögliche Versanaphern („Nichts ... Nichts ... Nichts" oder „als ... als ... als") scheint Kunert bewusst verzichtet zu haben.

2

Zum einen wird die Spannung auf das Resultat („Frieden", V. 6) gesteigert. Zum anderen wird das Zeitadverb „nun" betont, das die Frage nach der Dauer des Zustandes „Frieden" aufwirft – und diesbezüglich wird durchaus Skepsis vermittelt, indem sich in dem Augenblick – „zwischen zwei / Herzschlägen" (V. 4/5), durch die Alliteration betont – ja keineswegs Gewissheit einstellt (vgl. das Verb „glauben", V. 5).

3

Jeweils gleiche Markierung (z. B. gleiche Farbe) für „an einem Tag unter Null", „rannte (weiter)", „fiel".

4

Die Zeit- und Temperaturangabe „an einem Tag unter Null" (V. 2, 7) gibt diesem Gedicht einen gewissen Rahmen, der durch die dargestellte Kälte auch atmosphärische Wirkung hat. Zudem lassen die jeweils anderen Verse der beiden Strophen (V. 1, 8) eine zeitliche Zuordnung, die auf die beiden Weltkriege hinweist, zu. Jenseits dieses Rahmens wird nur noch lapidar der Tod Pauls angesprochen, der als zwingende Konsequenz eines in den angedeuteten Rahmen eingepassten Lebens dargestellt scheint. Dieser Tod bedeutet ein jähes Ende des Rennens durch das Fallen, das hier jedoch gegenüber den vorherigen Strophen eine Bedeutungsverschiebung erfährt, sodass ein Weiterrennen (vgl. V. 4, 6) nicht mehr möglich ist. Wenn das Stolpern und Aufstehen vielleicht sogar als Lebensprinzip verstanden werden darf, zeigt sich hier der wahre tödliche Charakter des Krieges.

5

1. Strophe	Geburt im Krieg (1. Weltkrieg)
2. Strophe	Vorschulzeit
3. Strophe	Schulzeit
4.Strophe	Wehrdienst/-übungen
5. Strophe	Soldat im Krieg (2. Weltkrieg)
6. Strophe	Tod

An dieser Struktur ist zu erkennen, dass die Sozialisation (Erziehung, Eingliederung in die Gesellschaft) unmittelbar in den Krieg und damit den Tod mündet. Das „Rennen" steht dabei möglicherweise auch für das viel zu kurze Leben.

3.3 Die Sprache

1

Bis auf den letzten Satz zeigen sich nur Infintiv-Formulierungen, d.h. den Sätzen fehlen Personalformen des Verbs (und damit auch die zeitliche Dimension) und insbesondere die Subjekte.

2

Die Infinitiv-Formulierungen nehmen dem Gedicht einerseits die Komponente eines nur persönlichen Erlebnisses, einer individuellen Erfahrung, wie sie sich etwa durch ein lyrisches Ich ergeben hätte („Ich sitze in den Dünen." etc.). Andererseits wird auch der Eindruck des schnell Vorübergehenden, Zerbrechlichen, vielleicht sogar der Irrealität des Zustandes verstärkt, der sich möglicherweise nur jenseits der real ablaufenden Wirklichkeit (durch das Anhalten der Zeit, jenseits der Zeit?) erfüllen könnte und somit allenfalls ein Wunsch(-glaube) bleibt.

3

Auf die parataktische Reihung (Hauptsätze sind einander beigeordnet) der ersten beiden Verse folgt in den Versen 3–5 ein hypotaktisches Satzgefüge (Gliedsätze sind den Hauptsätzen untergeordnet). Vers 3 ist die Achse des Gedichts: Vor diesem Vers wird ein relativ statisches (vgl. das Fehlen des Prädikats in Vers 1) Bild entworfen; mit der in diesem Vers formulierten Bedingung wird das Kriterium für die darauf folgende Bewertung des Bildes angeführt. Die Bedeutsamkeit dieser Bedingung wird durch die Inversion im vierten Vers (vgl. die Stellung des Adverbs „dann") unterstrichen.

4

Das Aufsteigen des Rauches stellt die einzige „Aktivität" im ansonsten ganz ruhigen, idyllischen Bild der ersten beiden Verse dar. Die Bedeutsamkeit dieses Rauches wird neben den oben beschriebenen Aspekten nicht zuletzt auch durch die Überschrift unterstrichen. Die ganze Idylle wäre ohne den Rauch nichts wert, „trostlos" (V. 4) – also ohne dass dieses Haus bewohnt würde, ohne dass in ihm gelebt würde, dass Menschen sich in ihm wohlfühlen könnten, dass es den Bewohnern mit ihren Bedürfnissen nützlich ist.

5

Sonett: Gedicht mit zwei Vierzeilern (Quartetten, zumeist mit umarmendem Reim) und zwei Dreizeilern (Terzetten, durch die Endreime miteinander verbunden).

Strophe	Aussagen über wen/was?	Welche Aussagen?
1	Stadt mit ihren Häusern und Straßen	qualvolle Enge, Unübersichtlichkeit
2	Menschen in der Stadt	Abgegrenztheit, Unbeweglichkeit, begrenzter Horizont, Sehnsüchte
3	lyrisches Ich, Individuum	bedrängende, belästigende Enge, Distanzlosigkeit
4	Verallgemeinerung („jeder", V. 14)	Einsamkeit, Kontaktlosigkeit

6

Zu markieren sind: nah (V. 1), drängend (V. 2), dicht (V. 3), geschwollen (V. 4), dicht (V. 5), hineingehakt (V. 5), eng (V. 7), dünn (V. 9), stumm (V. 12), abgeschlossen (V. 12), unberührt (V. 13), ungeschaut (V. 13), fern (V. 14), alleine (V. 14). Die Adjektive, Adverbien und Partizipien der ersten drei Strophen bringen die bedrängende, belästigende Nähe und Enge, die mangelnde Distanz in der Stadt zum Ausdruck. Demgegenüber vermitteln die entsprechenden Wörter der vierten Strophe den Eindruck der Ferne voneinander, der Einsamkeit. Zusammengenommen könnte dies als Einsamkeit in der Masse gedeutet werden, eine Einsamkeit, die durch die vermeintliche Nähe so vieler anderer wohl als um so bedrückender empfunden wird.

7

Im ersten Fall handelt es sich um eine Personifikation, im zweiten um eine Verdinglichung der Menschen. Gezeigt werden soll hier wohl die Gleichartigkeit, Parallelität von Menschen und ihrer gegenständlichen Umwelt – und damit die Leblosigkeit (in) der Stadt.

8

Vergleich: die sprachlich zum Ausdruck gebrachte bildliche Umschreibung eines Sachverhaltes (hier ein Bild für die Beschaffenheit der „Wände"). Bei der Metapher wird ähnlich verfahren, jedoch auf das explizite Formulieren des Vergleichs verzichtet (z. B.: „Unsre Zimmer trennen Häute.")

3.4 Klang und Rhythmus

1

Umarmender Reim; erster und vierter Vers jeweils männliche, zweiter und dritter Vers jeweils weibliche Kadenz.

2

Durch Assonanzen, d. h. Übereinstimmung in den Vokalen (z. B. „Str**a**ß**e**n", V. 3, und „(aus)l**a**d**e**n", V. 7).

3

Das Gedicht ist von einem fünfhebigen Trochäus geprägt.

4

Vers 13 hat nur vier Hebungen. Dieser Vers wirkt durch die geringere Taktzahl fast wie ein retardierendes (verlangsamendes) Element; und auch inhaltlich könnte auf V. 12 gut V. 14 folgen, der Vers 13 erscheint also wie eingeschoben. Inhaltlich bereitet er die absolute Einsamkeit trotz der Enge der Stadt vor, indem er die vollkommene Kontaktlosigkeit der dort Lebenden veranschaulicht. Zudem provoziert er ein nachdenkliches Innehalten beim ansonsten gleichmäßigen Dahinfließen des Gedichts (wie des Lebens in der Stadt).

5

Kreuzreim (abab). Weitere übliche Reimschemata: Paarreim (aabb), umschließender oder umarmender Reim (abba), Schweifreim (aabccb).

6

Der erste und dritte Vers jeder Strophe enden mit einer klingenden/weiblichen Kadenz (betonte – unbetonte Silbe), die beiden anderen mit einer stumpfen/männlichen Kadenz (betonte Silbe).

7

Die Struktur von Reimen und Kadenzen unterstützt die Tatsache, dass die im Gedicht gemachten Aussagen bzw. geäußerten Gedanken oft von zwei Aspekten geprägt sind, die miteinander zusammenhängen. Die männliche Kadenz hat eine abschließende Wirkung, der Kreuzreim verbindet die erste Aussage jedoch mit der zweiten. Besonders auffällig ist dies in der zweiten Strophe, in der die beiden Teilsätze einen parallelen Vorgang für beide Segel(-boote) beschreiben.

8

Auffällig ist der sehr weich klingende Konsonant „w“ (**w**ie, **W**inden, **w**ölbt, be**w**egt, **w**ird), der hier die harmonische Atmosphäre auch klanglich zum Ausdruck bringt.

9

Die Verse 5/6 und 7/8 sind jeweils durch ein Enjambement verbunden und formulieren die Parallelität der (Gefühls-)Regungen. Diese Parallelität entsteht in der dritten Strophe schon innerhalb von jeweils zwei Versen (sozusagen im Zeilenstil).

10

Anstatt eines gewöhnlichen Satzbaus mit einem durch eine Personalform gebildeten Prädikat (z. B.: „Zwei Segel schwellen sich zu ruhiger Flucht.") verwendet Meyer hier zwei Partizipialkonstruktionen mit Ausrufezeichen. Dies vermittelt einen statischen Eindruck, hier wird mit Nachdruck (vgl. Satzzeichen) ein Bild vorgestellt, das von großer Ruhe geprägt ist – und weniger von Aktion, wie es Personalformen der Verben suggerieren würden.

11

In den Versen 9/10 liegt ein Parallelismus vor, der die harmonische Parallelität der Wünsche zum Ausdruck bringt:

„eins" – „hasten"

„andre" – „geht schnell"

In den Versen 11/12 liegt ein Chiasmus vor, d. h. eine Überkreuzstellung von Sinnverwandtem, die hier wohl mit ihrem abschließenden, einrahmenden Charakter das Zur-Ruhe-Kommen der beiden unterstützen soll:

„eins" – „rasten"

„ruht" – „Gesell"

Test

Die Lösungshinweise zu diesem Test bieten dir keine Musterlösung im Sinne eines Beispielaufsatzes; sie erheben auch nicht den Anspruch darauf, dass alle relevanten Aspekte angesprochen werden. Vielmehr sollst du in die Lage versetzt werden, deinen eigenen Aufsatz anhand der folgenden Fragen zu überprüfen.

1. Genügt deine Einleitung der **TATT**-Formel (**T**extsorte, **A**utor, **T**itel, **T**hema)? Ist die Thematik nicht zu allgemein angedeutet (hier etwa einfach nur „Kriegslyrik")?

2. Hast du deine Interpretation tatsächlich aus der Analyse verschiedener Aspekte entwickelt und dabei durch Zitate oder andere Mittel jeweils den entsprechenden Textbezug hergestellt? Sind tatsächlich alle Beobachtungen für die Interpretation verwertbar? Beispielsweise kannst du das Metrum im vorliegenden Fall durchaus bestimmen, es hilft dir bei der Interpretation aber nicht unbedingt weiter, also solltest du es auch nicht ansprechen. Auffällig ist freilich die unterschiedliche Hebungszahl/Verslänge.

3. Behält dein Aufsatz neben dem Wahrnehmen einzelner Signale auch immer das Ganze des Gedichts im Blick?

4. Hast du einen sinnvollen Aufbau für deinen Hauptteil gewählt? Man könnte hier etwa strophenweise vorgehen, wobei die Strophen 2 und 3 sicher parallel zu betrachten sind. Auf jeden Fall sind aber auch die Parallelen (und Unterschiede) zwischen den Strophen 1 und 4 herauszuarbeiten – was freilich auch im Rückgriff geschehen kann, wenn du im Verlauf deiner Untersuchung bei der vierten Strophe angekommen bist.

5. Hast du Beobachtungen zum Reimschema gemacht und diese ausgewertet? Die Besonderheiten der letzten beiden Strophen (untermauert durch den auffälligen Gebrauch der Gedankenstriche) solltest du hierbei auf jeden Fall erwähnen.

6. Ist dir die Parallelität der beiden in den Strophen 2 und 3 dargestellten Reaktionen aufgefallen (interessant ist hierbei ja, dass beide gleichermaßen „am Himmelsgewölbe" zerschellen, vgl. V. 6, 12)? Hast du herausgearbeitet, wie dies sprachlich und formal gestaltet ist (gleiche Verszahl, gleiches Reimschema, Anaphern, gleiche bzw. ähnliche Wortwahl etc.)?

7. Werden in deinem Aufsatz die sich verändernden Perspektiven deutlich (z.B. Sieger-Perspektive in der 1. Strophe, beide Perspektiven in der 4. Strophe, Perspektive der Mütter in der 5. Strophe)?

8. Schließt dein Aufsatz zumindest mit einer zusammenfassenden Gesamtdeutung des Gedichts, die dessen mögliche Intention ausführt?

9. Hast du in deinem Aufsatz die interpretierenden Passagen vorsichtiger formuliert als die analytischen? Beispiel für eine in dieser Hinsicht differenzierende sprachliche Darstellung:

   „Die Verse 10 und 16 deuten zwei Gesten der Hände bei Verlierern und Siegern an, die gewisse Ähnlichkeiten aufweisen (Bilden von Fäusten, Falten der Hände); die Motive freilich werden als unterschiedlich benannt: „Hass" auf der einen (V. 10) und „fromme" Dankbarkeit auf der anderen Seite (V. 16)."
   Bis hierher handelt es sich um eine reine Analyse.

   „Möglicherweise soll aber die gewisse Übereinstimmung in der Gestik zeigen, dass letztlich beide Haltungen die Basis für weitere Schlachten liefern – sowohl das Revanchebedürfnis bei den Verlierern wie auch die Bestätigung der eigenen Stärke und der Richtigkeit des eigenen Handelns bei den Siegern."
   Der hier formulierte Deutungsansatz ist durch das Adverb „möglicherweise" und das Modalverb „sollen" etwas vorsichtiger formuliert.

4 Kurzprosa interpretieren

4.1 Erzählperspektive und Erzählhaltung

1

Personale Erzählung: Es wird in der Er-Form aus der Sicht Achims erzählt. Dabei wird immer wieder auch die erlebte Rede eingesetzt (z. B. Z. 3 ff.).

2

Zunächst wird Achims negative Selbstwahrnehmung deutlich, die sich auf seine äußere Erscheinung bezieht (Z. 13–14), aber auch schon mit den Gründen für seine Antriebslosigkeit verbunden wird (vgl. die zitierte Liedzeile, Z. 15–16). Im weiteren Verlauf der Geschichte versucht Achim, sich seinem Gesicht zärtlich zu nähern, spürt dann aber nur „Glätte und Kälte" (Z. 22), begegnet sich also recht gefühllos (die „Kälte" steht übrigens im Kontrast zur später empfundenen Wärme des Blutes, vgl. Z. 41). Im Vergleich mit der „aufgemalten Spiegelmaske" erscheint ihm sein eigenes Gesicht schließlich nur wieder umso „farbloser" und nichtssagender (Z. 37 f.).

3

Die zu markierenden Bewegungen kannst du folgendermaßen einteilen:

1. keine Bewegung („vergraben", „er starrte", „nicht bewegen", „verharrte er"),
2. kaum/wenig/langsame Bewegung („Achim schob sich", „halbe Körperdrehung", „Fingerdruck", „er robbte", „kniete sich davor" usw.),
3. schnelle Bewegung („ließ seine Faust in die Spiegelscheibe krachen").

Insgesamt wirkt Achim bewegungsarm, unmotiviert, lustlos; umso mehr sticht sein aggressiver Ausbruch heraus.

4

Die metaphorische Beschreibung der Zimmerdecke gleitet immer mehr in eine metaphorische Beschreibung Achims über, was nicht zuletzt an der Formulierung „ungelebtes Leben" (Z. 9) deutlich wird. Damit wird auch die Zimmerdecke zu einer Art „Spiegel" für Achim.

5

Du kannst mögliche Deutungsansätze entwickeln, wenn du den Ausbruch mit verschiedenen Signalen aus der Kurzgeschichte verbindest. So kann man zunächst davon ausgehen, dass Achim Aggressionen angestaut hat (z. B. aufgrund der Reaktionen seiner Eltern); die Aggressionen könnten aber durchaus auch gegen sich selbst gerichtet sein und auf seiner negativen Selbstwahrnehmung beruhen. Genauso kannst du den Gedanken der zitierten Liedzeile heranziehen: Dann wäre der Ausbruch als eine Art Ausstieg zu interpretieren. Schließlich ist wohl nicht zu übersehen, dass (zuvor) fehlende Emotionalität eine Rolle spielt (vgl. den Gegensatz Wärme - Kälte) bzw. dass hier eine Art Selbstvergewisserung des Lebenswillens stattfindet (vgl. den „Lebenssaft" Blut im Gegensatz zum „ungelebten Leben").

4.2 Personencharakterisierung

1

Mögliche Darstellung:

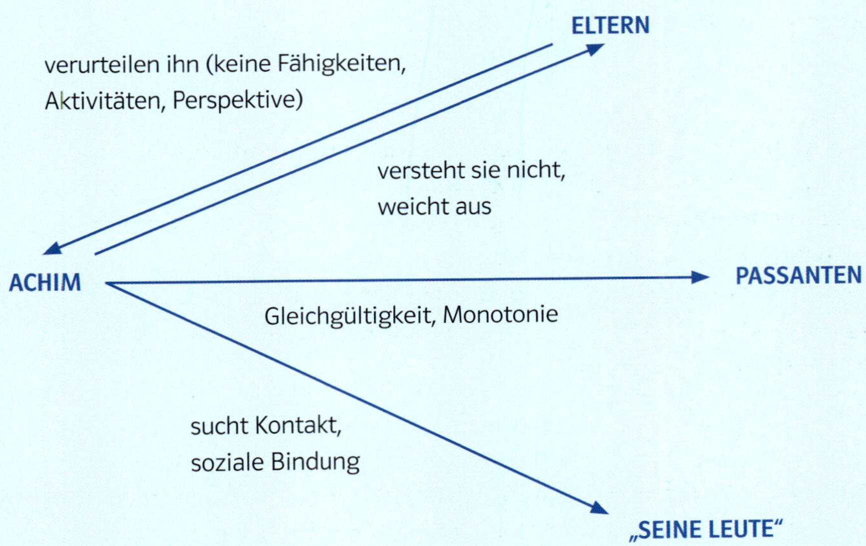

2

Der „einfache Schlosser" (Z. 1) Känsterle will nach der Arbeit einfach nur seine Ruhe haben und fernsehen. Daher reagiert er recht einsilbig auf seine Frau (Z. 13, 17), hört ihr wohl mitunter gar nicht zu und wirkt insgesamt „abwesend" (Z. 13). Seine Frau hingegen will nicht nur mit ihm plaudern (vgl. Z. 7), sondern hat konkrete Vorstellungen, was sein Verhalten und bestimmte Aufgaben für ihn betrifft. Dies wird nicht zuletzt sprachlich deutlich, indem sie Imperative (z. B. Z. 4, 15) und rhetorische Fragen (z. B. Z. 31) verwendet und ihren Mann geradezu beschimpft (Z. 40). Der Autor unterstreicht dies, indem er viele Äußerungen Rosas mit einem Ausrufezeichen enden lässt. Rosa dominiert die Beziehung und ist damit erfolgreich: Känsterle stellt den Ton leiser, macht schließlich den Fernseher aus und übernimmt „das schwere, ihm aufgezwungene Amt" (Z. 43 – 44).
Rosas Unnachgiebigkeit und ihr unangenehm dominantes Auftreten werden durch die Beschreibung ihres Äußeren unterstrichen (vgl. Z. 37 – 39).

3

Herr Hansmann war von Rosa ursprünglich als positives Beispiel dargestellt worden (vgl. Z. 18 – 20). Nun drängt sich der Verdacht auf, dass seine Lebenssituation der Känsterles ähnlich ist oder er zumindest großes Verständnis für ihn hat. Das „Glitzern" in seinen Augen (Z. 77) unterstützt dabei wohl diese Vermutung.

4.3 Aufbau einer kurzen Erzählung

1

Du kannst den Text zunächst einmal grob in drei Teile gliedern: Im ersten Teil (Z. 1 – 6) wird die Ausgangssituation beschrieben, das, was bislang immer „unverändert" (Z. 2) so war. Der zweite Teil (Z. 6 – 23) hat den Vorfall beim Mittagessen zum Inhalt. Der dritte Teil (Z. 23 – 25) stellt eine Mischung aus Kommentar und (offener) Fragestellung dar – nämlich ob „Gewöhnung" (Z. 25) das Leben sicher machen kann.
Nach einer solchen Grobgliederung kann es sinnvoll sein, dass du über eine etwas genauere Gliederung nachdenkst; in diesem Fall bietet sich noch eine Binnengliederung für den größeren Mittelteil an: Äußerung des Bauern (Z. 6 – 10) – Ausbruch, Aktion des Bauern (Z. 10 – 14) – Kettenreaktion als Konsequenz des Ausbruchs (Z. 14 – 23).

2

Schon durch die Wahl der Verben wird das ungewohnt Explosive, fast schon Gewalttätige der Aktion des Bauern deutlich: aufspringen, werfen, umsäbeln, stampfen, donnern, schmettern. Dabei ist der in den letzten Jahren wohl ganz ruhige, alles ertragende Bauer nun ganz Aktion geworden, er selbst wird als Handelnder in den subjektlosen Formulierungen gar nicht erwähnt (statt „Er springt auf …" nur „Springt auf …" etc.). Im nachgestellten – und dadurch besonders betonten – Attribut „stiefelbeschwert" (bei dem es sich zudem um einen Neologismus handelt) wird ein zentrales Motiv für den Ausbruch veranschaulicht: die Last und Qual (der Arbeit, der Tradition, des immer gleichen, alten „Stiefels" usw.).
Ein zweites Motiv zeigt sich im sozusagen personifizierten „Trotz" (Z. 12), der durch das Attribut „geballt" die angestaute Wut (wie durch eine geballte Faust) zum Ausdruck bringt.

3

Ein entsprechender Interpretationsansatz könnte folgendermaßen aussehen. Vergleiche ihn mit deinem:
Mit den letzten drei Sätzen der Erzählung wird die Ebene des konkret Erzählten verlassen. Ausgangspunkt bleibt freilich die Situation der Bauersfamilie (das „laue" Mittagessen, Z. 25); von dieser ausgehend wird die Lebensführung dieser Familie grundsätzlich in Frage gestellt („alles", Z. 24) – und schließlich weist vor allem der letzte Satz auf eine ganz allgemeine Fragestellung hin. Denn insgesamt geht es um die Grundsätze für eine zufrieden stellende Lebensführung: Geben denn nicht gewohnte Abläufe, wie sie die Arbeit, die Familie und den Alltag prägen, Sicherheit, auch wenn manches nicht ganz ideal, monoton oder in anderer Weise mit Makeln behaftet ist? Immerhin kann man ja auch in einem solchen Rahmen (mehr oder weniger bescheidene) Ziele verfolgen – z. B. das Sparen auf einen „Perserteppich" (Z. 22 f.) – ein solches Leben muss also nicht „umsonst" (Z. 24) sein. Auf der anderen Seite stellt sich die Frage, ob so ein „laues" Leben ohne Höhepunkte, ohne als sinnvoll empfundene Ziele, ohne das Ausleben von Emotionen Zufriedenheit bringt, bloß weil es gewissermaßen sicher ist. Kann ein solches Leben überhaupt ertragen werden – oder muss das „spackige Gebräu" (vgl. Z. 7) irgendwann einfach ausgespuckt werden? Da sich als Identifikationsfigur vor allem der Bauer anbietet, scheint die zweite Lesart eher nahe zu liegen; dennoch bleibt der Schluss in gewisser Weise auch offen.

4.4 Die Sprache

1

Brecht hat seine Parabel ohne eine Untergliederung in Abschnitte geschrieben. Zur besseren Übersichtlichkeit wird das Original hier dennoch satzweise wiedergegeben (die originale Textvariante ist blau gedruckt).

Herr Keuner ging durch **ein** Tal, als er plötzlich bemerkte, daß **seine Füße** in Wasser **gingen**.
– Das Tal ist Herrn Keuner und damit uns Lesern zu Beginn unbestimmt, unbekannt. Indem „seine Füße" und nicht „er" als ganze Person erwähnt werden, zeigt sich, dass er sich noch nicht von dem Vorgang betroffen fühlt, ihn nicht richtig an sich heranlässt.

Da **erkannte** er, daß **sein** Tal in Wirklichkeit ein Meeresarm war und daß die Zeit der Flut herannahte.
– Im Verlauf der Parabel wird deutlich, dass Erkenntnis – vgl. Satz 6 – bedeutsam ist, nicht nur reines Wahrnehmen; dabei wird hier die subjektive Wahrnehmung – vgl. „sein" Tal – korrigiert.

Er blieb sofort stehen, **um sich nach einem Kahn umzusehen, und solange er auf einen Kahn hoffte, blieb er stehen.**
– Mit dieser Variante liegt ein Chiasmus vor, der sich selbst mit dem Stehenbleiben umrahmt und damit die mangelnde Aktivität Herrn Keuners veranschaulicht.

Als aber kein Kahn in Sicht kam, **gab er diese Hoffnung auf und hoffte**, daß das Wasser nicht mehr steigen möchte.
– Durch die Wiederholung wird unterstrichen, dass Herr Keuner ganz von der Hoffnung lebt und nicht selbst aktiv wird.

Erst als ihm das Wasser bis ans Kinn ging, **gab er auch diese Hoffnung auf und schwamm.**
– Diese Variante ist eine konsequente Fortsetzung der vorigen Überlegung; Herr Keuner muss sich zunächst von der „Strategie" Hoffnung – auf „fremde" Hilfe – lösen, um selbst handeln zu können.

Er hatte erkannt, daß **er selbst** ein Kahn war.
– Mit der Formulierung „er selbst" wird unterstrichen, dass Herrn Keuners Erkenntnis auf einer veränderten Selbstwahrnehmung beruht; der Vergleich mit anderen spielt dabei keine Rolle.

2

Brechts Parabel legt den Gedanken nahe, dass es nicht sinnvoll ist, nur auf Hilfe von außen zu warten, sondern dass man vielmehr versuchen sollte, seine eigenen Fähigkeiten zu aktivieren. Voraussetzung dafür ist Erkenntnis – sowohl bezogen auf die Situation wie eben auf die eigenen Fähigkeiten. Damit wird aber nicht das Sprichwort „Jeder ist seines Glückes Schmied" als absolut zutreffend gekennzeichnet, denn Herr Keuner (und damit jeder) kann ja nur die ihm gegebenen Fähigkeiten – zu erkennen und zu handeln – einsetzen.

3

Jeweils in einer Farbe zu markieren sind: **lag, ist, sagt, dringt, blockiert, bringt, macht** (Indikativ, Wirklichkeitsaussage); **halte, eingrabe** (Konjunktiv I, referierte Meinung); **hätte ... können, hätte ... getürmt** (Konjunktiv II, irreale Aussage).

4

Der Text besteht ja eigentlich nur aus einer lapidaren (kurzen, einfachen) Feststellung (dass eben Schnee liegt) und referiert darauf verschiedene Reaktionsmöglichkeiten. Das Literarische an diesem Text, also das, was ihn zu einem Sprachkunstwerk macht, besteht damit fast ausschließlich in den bewusst eingesetzten Modi, die die verschiedenen Reaktionsmöglichkeiten in einem unterschiedlichen Licht erscheinen lassen – und uns damit zum Nachdenken bringen könnten, wie wir selbst entsprechende Situationen bewerten.

5

Die Konjunktion „aber" (Z. 6) teilt den Text in zwei Teile. Im ersten Teil wird dargestellt, was der Schnee auslösen könnte bzw. was über den Schnee gedacht wird. Beide Aspekte sind durch den Modus Konjunktiv jedoch als nicht real gekennzeichnet; Freude, Schutz, Trost werden nicht tatsächlich erlebt, empfunden – allenfalls noch gedacht (vgl. Konjunktiv I). Im Indikativ sind demgegenüber die Unannehmlichkeiten oder gar Katastrophen des zweiten Teils (Z. 6–7) formuliert, sie repräsentieren also die tatsächliche Sichtweise und haben damit den Charakter einer „Erklärung" (vgl. Überschrift): So denken die/wir Menschen wirklich über den Schnee und seine Auswirkungen.

6

Versucht man nun vom konkret Dargestellten zu abstrahieren, also nicht nur die Situation an einem bestimmten Morgen zu bedenken, könnte man den Schnee als ein exemplarisches Element der Natur betrachten und damit die Frage stellen, wie wir Menschen mit ganz einfachen natürlichen Vorgängen umgehen bzw. wie wir diese empfinden. Dann würde die mögliche Harmonie zwischen Mensch und Natur hier nur als irreale (Wunsch-)Vorstellung gekennzeichnet sein, während die eigentliche Sichtweise Disharmonie zwischen Mensch/Zivilisation und Natur bedeutet, wobei die Natur sozusagen als Störfaktor wirkt.

4.5 Raum und Zeit

1

Känsterles „Abstieg“ (Z. 54) ist sicher symbolisch zu sehen. Er hat das Kostüm, das ihm genauso „viel zu geräumig“ (Z. 48) wie die Aufgabe viel zu groß, „schwer“ (Z. 43) ist, im „trüben Licht“ (Z. 45) auf dem wohl beengenden Dachboden angelegt. Die Lichtverhältnisse spiegeln dabei seine Stimmung, die räumliche Enge die Bedrängnis wider, in die seine Frau ihn gebracht hat. Beim „Abstieg“ wird ihm nun gerade zum Verhängnis, dass ihm alles – im konkreten wie übertragenen Sinn – zu groß und schwer ist (vgl. Z. 54 ff.). Der Abstieg im Treppenhaus wird also zur weiteren Erniedrigung Känsterles, er ist in jeder Hinsicht nun auf unsanfte Weise so weit unten angekommen, dass es nur noch eines Tropfens bedarf (der Äußerung Rosas, Z. 63 ff.), um das Fass zum Überlaufen zu bringen.

2

Zum einen spielt die Angabe der Jahreszeit eine Rolle – für das Gespräch über die Winterfenster und Känsterles „Versäumnis“ sowie als Untermalung der emotionalen Kälte (vgl. auch den letzten Satz). Des Weiteren verbinden die Personen mit der zu Beginn erwähnten Tageszeit völlig unterschiedliche Vorstellungen: Känsterle möchte seinen Feierabend genießen, während seine Frau seine Interessen als negativ und nutzlos darstellt und demgegenüber ihre Ansprüche und Aufträge loswerden will. Schließlich macht sich Känsterle nur „zögernd“ (Z. 46) an seine Aufgabe; bei dieser Textstelle kommt die Erzählzeit der erzählten Zeit ziemlich nahe: Der Erzähler möchte den Leser die Qual, die Känsterle empfindet, miterleben lassen.

Test: Kurzgeschichte

Die folgenden Hinweise zu den Aufgabenteilen sollen keine Musterlösungen darstellen, sondern dich in die Lage versetzen, deine Lösungen selbst kritisch zu überprüfen.

1

Hast du in deiner Einleitung die TATT-Formel berücksichtigt? (Als Thematik könnte man die Frage ausformulieren, ob es nicht wichtig ist, immer wieder gewohnte Blickwinkel zu verändern, neue zu gewinnen und auf welche Schwierigkeiten man dabei stoßen kann.)

2

Hast du berücksichtigt, dass die Personen durch den Erzähler (der immer wieder auch angibt, **wie** die Personen sprechen) wie durch ihre eigenen Aussagen charakterisiert werden – und dass dies dementsprechend unterschiedlich zu bewerten ist?
Bist du systematisch vorgegangen – etwa indem du die beiden Personen zunächst jeweils für sich und dann erst ihr Verhältnis zueinander betrachtet hast? Hast du deine Beobachtungen ausreichend belegt? Ist dir aufgefallen, dass der Begleiter innerhalb der Kurzgeschichte eine Entwicklung durchmacht, während die des Rückwärtsgängers bereits vor der Handlung der Geschichte liegt (wobei ihm das Laufen im Verlauf der Handlung zunehmend leichter zu fallen scheint)?

3

Hast du herausgearbeitet, dass der Mann in Bezug auf sein Experiment von einem festen Willen geprägt ist (vgl. seine erste Äußerung; auch lässt er sich „nicht aus der Fassung bringen", Z. 50), dass er klare Absichten verfolgt (für sich und für andere), dass er aber seine Entdeckung nur andeuten, nicht richtig erklären kann? Ist dir aufgefallen, dass der Mann ruhig, aber bestimmt und zufrieden wirkt, wenn er über sein Experiment spricht (vgl. „entschlossen", „sanft", „lächelnd"; Z. 19, 25, 61/64)? Hast du die parallelen Formulierungen, die die erwünschte Wirkung auf andere andeuten, bemerkt („Ich hoffe …"; Z. 46, 51, 88) und miteinander verglichen?

4

Hast du festgestellt, dass das Schweigen (vgl. Z. 65) einen ersten Einschnitt darstellt? Bist du systematisch vorgegangen, indem du die beiden Personen getrennt voneinander betrachtet hast? Hast du die Symbolik der Bewegungen erfasst (der Mühe zu folgen, der elastischen Schritte, der Beschleunigung)? Hast du den Spannungsaufbau nachvollzogen (z. B. das zunächst noch beziehungslose Pronomen „es"; Z. 72)?

5

Hast du über Rolle und Status des Polizisten nachgedacht? Hast du nachvollzogen, zu welchem Punkt seiner Entwicklung der Begleiter an dieser Stelle kommt? Hast du versucht zu erklären, warum Seuren diesen kurzen Dialog überhaupt noch angefügt hat?

Test: Kürzestgeschichte

Auch hier sollst du keine Musterlösung im Sinne eines Beispielaufsatzes, sondern Anhaltspunkte für eine selbstständige Überprüfung deines Übungsaufsatzes erhalten:

- Ist in deinem Aufsatz die Grobgliederung (Einleitung – Hauptteil – Schluss) berücksichtigt? Hast du den Hauptteil sinnvoll aufgebaut und diesen Aufbau auch durch Abschnitte kenntlich gemacht?

- Hast du deine Beobachtungen ausreichend belegt? Basieren deine Interpretationsansätze immer auf solchen belegten Beobachtungen?

- Hast du die Verschiebung der Perspektive im Verlauf des Textes herausgearbeitet, die sich etwa in der unterschiedlichen Benennung der Familienmitglieder zeigt (der „Vater" des ersten Abschnitts ist ja z. B. der „Großvater" des zweiten)?

- Wird in deinem Aufsatz die Fixierung der Familie (vgl. „alles Interesse und alles Mühen", Z. 27) auf den Enkel deutlich, die schließlich fast zur Erstarrung führt? Hierbei sind nicht zuletzt die Zeitangaben und die Formulierungen mit Wiederholungen wichtig.

- Hast du die Motive des Enkels deutlich gemacht?

- Ist dir aufgefallen, welch unterschiedliche Vorstellungen (Erwartungen, Fantasien etc.) mit der vermeintlichen Rückkehr des Enkels verknüpft sind?

- Hast du die sprachlichen Besonderheiten des Textes angemessen einbezogen? Hierbei ist auf jeden Fall auf den Satzbau einzugehen, der unter anderem zumindest stellenweise durch die Länge der Sätze wie durch deren Unvollständigkeit geprägt ist.

- Hast du im Schlussteil darauf verwiesen, dass Kunert hier recht grundsätzliche Fragen aufwirft, die Generationenkonflikte innerhalb von Familien, aber auch der Gesellschaft insgesamt ansprechen?

Textstellen interpretieren 5

5.1 Einleitung – Thematik der Textstelle

1

Max Frisch thematisiert in seinem Theaterstück „Andorra" Formen der Ausgrenzung und Diskriminierung von Minderheiten, wie sie für viele Gesellschaftsformen typisch sind. An das historische Beispiel des Antisemitismus angelehnt entwirft er ein Modell, bei dem sichtbar wird, wie solche Vorgänge durch Vorurteile, Bildnisse und die Suche nach Sündenböcken zur Katastrophe führen. Dabei verhindern mangelnde Bereitschaft zur Selbstkritik und Verdrängungsmechanismen auch im Nachhinein eine angemessene Auseinandersetzung mit der eigenen Schuld.

2

Wesentliche Aspekte beim Vorgang der Ausgrenzung und Diskriminierung sind die fehlende Bereitschaft und der fehlende Mut, für die Wahrheit einzustehen, sowie das Aufrechterhalten oder Bestätigen von Feindbildern. Beide Aspekte spielen eine große Rolle, wenn Can und die Senora über ihre gemeinsame Vergangenheit und deren Folgen sprechen.

3

Eine wesentliche Stütze totalitärer Staaten ist die Erziehung von Kindern und Jugendlichen im Sinne der herrschenden Ideologie. Im Zentrum von Ödön von Horváths Roman „Jugend ohne Gott" steht dieser Zusammenhang, der anhand der Beziehung eines Lehrers zu seinen Schülern und der Entwicklung dieser Beziehung veranschaulicht wird. Dabei werden sowohl die Folgen eines solchen totalitären Erziehungssystems für verschiedene Betroffene wie auch Möglichkeiten der kritischen Reflexion entsprechender Maßnahmen und Wirkungen dargestellt.

4

Kritische Distanz zur herrschenden Ideologie im Allgemeinen wie zu totalitären Erziehungskonzepten im Besonderen setzt nicht zuletzt das Erkennen der Wahrheit und das Einstehen für diese voraus. Genau dieser Aspekt wird im zu untersuchenden Kapitel besonders deutlich.

5.2 Einleitung – Einordnung der Textstelle

1

- vier Romanteile (Ereignisse in der Schule, Ferienlager, Prozess, Jagd nach dem Mörder)
- **Textstelle aus dem vierten Romanteil, bringt Auflösung des Mordfalles**
- Lehrer (Ich-Erzähler) hat schlechtes Verhältnis zu seiner Klasse (und zum totalitären Staat)
- bei Beerdigung des W fällt ihm T („Fischaugen") auf, ist damit aus der Gruppe etwas herausgehoben
- am Ende des Ferienlagers (Zweck: vormilitärische Erziehung) geschieht Mord an N; Z gesteht (will Eva schützen)
- Lehrer findet im Verlauf des Prozesses zur Wahrheit (Kästchen), verliert seine Arbeit, hat T als Täter erkannt
- Lehrer möchte schließlich dem „Klub" (und Eva) helfen, den Mörder entlarven, zur Wahrheit und damit zu Gott finden
- wird zur Familie des T gebracht – wegen Ts Selbstmord und seiner vermeintlichen Schuld (Vorwurf der Mutter)
- aber Lehrer nimmt sich vor: „jetzt rede ich!" (Kap. „Das Reh")

2

Schon im expositorischen ersten Bild werden die Grundkonflikte des Stückes sichtbar: die Angst vor den Schwarzen; der Antisemitismus beim Bemühen Cans, für Andri eine Lehrstelle zu finden; die Gewaltproblematik im Gespräch zwischen Andri und dem Soldaten, die schon hier Andris Beziehung zu Barblin bedroht. Dabei zeigt sich nicht zuletzt auch die Hilflosigkeit Cans, der sich zwar gegen Vorurteile und Bildnisse zu wehren scheint, letztlich aber zum resignierenden Trinker geworden ist.

Der Wirt deutet in seinem Vordergrundauftritt nach dem ersten Bild die Vorgeschichte an: Andri wurde von Can scheinbar als Jude vor den Schwarzen gerettet. Tatsächlich stellt sich später aber heraus, dass er das gemeinsame Kind von ihm und der Senora ist – weswegen Can ihm auch die Heirat mit Barblin verweigert.

Als Andri seine Lehrstelle verloren hat und meint, von Barblin betrogen worden zu sein, begegnet er im achten Bild zum ersten Mal der Senora: Sie nimmt sich – ohne zu offenbaren, dass sie seine Mutter ist – seiner an, als er der Gewalt der Soldaten ausgeliefert ist, und lässt sich von ihm zu Can bringen.

5.3 Hauptteil – Deutung der Textstelle

1

Im **ersten Abschnitt** (Z. 1–14) charakterisiert der Ich-Erzähler den T und gibt zu, sich über dessen Tod zu freuen; er scheint die Vernichtung der „Bösen" als richtig und wichtig anzusehen (vgl. Z. 13–14).
Der **zweite Abschnitt** (Z. 15–29) deutet an, worüber der Lehrer im Weiteren spricht – nämlich über „alles" (Z. 14) und insbesondere die soziale Ungerechtigkeit (Sägewerk, Kinder). Dabei werden schon die Reaktionen der Mutter des T in den Blick genommen; auch wird die „Ankunft Gottes" angedeutet (vgl. Z. 21–23).
Der Blick richtet sich nun fast ausschließlich auf die Mutter des T: Ihr „Anfall" (Z. 34) und ihr Zusammenbruch umrahmen den **dritten Abschnitt** (Z. 30–58); dieser bringt die endgültige Auflösung des Kriminalfalles.
Im **vierten Abschnitt** (Z. 59–74) wird die zentrale Thematik des Romans angesprochen, indem Gott nun auch bei der Mutter des T „angekommen" ist, sie auch für die „Wahrheit" einsteht (Z. 68). Damit befindet sie sich im Einvernehmen mit dem Lehrer.

2

Der Lehrer setzt zu Beginn sein Vorhaben zu reden um, indem er auf den Mord an seinem Schüler N eingeht. Allerdings spricht er noch von einem „fremden Jungen" als Täter (Z. 1), äußert also nicht seinen Verdacht bzw. seine Gewissheit, dass N von T erschlagen wurde. Dies könnte hier taktische Gründe haben – immerhin wird der Lehrer ja beschuldigt, den T in den Tod getrieben zu haben. Zugleich mag dabei auch angedeutet sein, wie „fremd" dem Lehrer ein solches Verhalten ist, wie befremdlich der T auf ihn wirkt(e). Dies wird dann ja auch in seiner kurzen Charakterisierung des T deutlich, der seiner Ansicht nach zwar von der „Liebe zur Wirklichkeit" (Z. 6) geprägt wurde, aber die „Wahrheit" hasste (Z. 6). T gehört für den Lehrer also zu den (jugendlichen) Menschen, die eine großen Gefühlskälte auszeichnet, die alles betrachten, aber in nichts emotional einbezogen sein wollen – sie wollen „ergründen" und „darüberstehen" (Z. 4). Damit werden sie anderen und sich selbst fremd, vielleicht sogar so fremd, dass sie ihr eigenes Handeln von außen betrachten zu können meinen, wie auch T beim Mord einen „fremden Jungen" (Z. 1) beobachtet zu haben meint, obwohl er selbst der Täter war.

Zwischenergebnis:
Damit gehört T zur „Jugend ohne Gott", die dem Menschsein an sich entfremdet ist, die „Geburt und Tod" und dem Leben „dazwischen" (Z. 3) nur von außen begegnet, nicht im Sinne der „Wahrheit" (Z. 6) lebt. Denn das Einstehen für die „Wahrheit" würde nicht bedeuten, mit offenen („Fisch"-)Augen der Wirklichkeit gegenüberzutreten, sondern sich einbezogen zu fühlen und Verantwortung zu übernehmen.

3

Lehrer	Beobachtungen	Interpretation
Gesprächsanteile	– schweigt fast das ganze Gespräch über – macht nur einen kurzen, ungehaltenen Einwurf – hat das letzte Wort	– sprachlos, weil er mit seiner Lüge konfrontiert wird, für die es keine Entschuldigung gibt – fühlt sich in die Ecke gedrängt, provoziert, hat aber inhaltlich nichts entgegenzusetzen – als die Senora auf die Abkehr Andris anspielt, fasst er einen Entschluss, der jedoch in Zweifel (aus Feigheit, Resignation?) mündet
Gesprächsführung	– ist eigentlich gar kein Dialogpartner (Schweigen, ungehaltener Einwurf) – scheint Abschluss fürs Gespräch zu finden (Vorhaben)	– will im Grunde das Gespräch verweigern – nach allem Vorgefallenen und dem zusätzlichen Auftauchen der Senora scheint der Lehrer zur Wahrheit bereit zu sein

Senora	Beobachtungen	Interpretation
Gesprächs-anteile	- bestreitet das Gespräch fast alleine - sagt am Schluss nichts mehr	- klagt Can an und hat auch gleich noch Erklärungen für sein Verhalten, ihr ist auch ohne seine Antworten alles klar - kann Cans Zweifel auch nicht begründet zerstreuen (konnte ja auch selbst nicht zu Andri stehen)
Gesprächs-führung	- Mischung aus Fakten, Vorwürfen und Fragen - macht Pausen	- konfrontiert Can mit seinen Fehlern, möchte ihn provozieren und anklagen - vielleicht erwartet sie eine Reaktion Cans; oftmals hat man aber eher den Eindruck, dass sie die Wirkung der dann selbst gegebenen Erklärungen verstärken will; zudem wird so Cans Sprachlosigkeit (= Erklärungsnot) deutlich

4

Die Senora gibt folgende Gründe für die Lüge Cans an:

- Cans Hass auf die Senora (wegen ihrer Angst vor den Schwarzen)
- Cans Feigheit (Angst, den Andorranern die Wahrheit zu sagen)
- Cans Versuch, zu beweisen, dass Andorraner besser (toleranter) als die Schwarzen sind

Die Senora wiederholt das Motiv des Hasses im neunten Bild im Gespräch mit Andri (9. Bild). Eine gewisse Bestätigung erfährt dies durch die Mutter, die Can unterstellt, alle verraten zu haben (9. Bild). Can selbst spricht nirgends vom Hass auf die Senora.

Im zehnten Bild gesteht Can gegenüber Andri selbst seine Feigheit ein, seine Angst vor den Andorranern.

Im zehnten Bild führt Can auch aus, dass es „damals" in Andorra leicht, ja sogar „rühmlich" gewesen sei, „ein Judenkind zu haben". Inzwischen freilich ist dies anders; Can hat resigniert, meint aber immer noch, die Andorraner zur Selbstreflexion, „dieses Volk vor seinen Spiegel" zwingen zu können (1. Bild) – er tut dies jedoch nicht bzw. viel zu spät.

5

Die Vordergrundszenen folgen eigentlich alle dem gleichen Schema: Eine Person äußert sich im Nachhinein, also mit zeitlicher Distanz zu den Geschehnissen. Dies beginnt mit einem scheinbaren Fehlereingeständnis („Ich gebe zu ..."), mündet dann jedoch in ein unbeirrbares Festhalten an den Vorurteilen. Auch im Rückblick, aus der Distanz können die Personen sich ihrer Verantwortung nicht stellen und verdrängen ihre Schuld. Eine Ausnahme stellt dabei nur der Pater dar, der in seiner Vordergrundszene zur Einsicht in die Zusammenhänge und insbesondere seine eigene Schuld gelangt.
Die vorliegende Vordergrundszene ist nun weder durch zeitliche Distanz noch durch einen Monolog gekennzeichnet. Dennoch erfüllt sie den Zweck – wie die anderen – dem Zuschauer eine kritische Distanz zu den Vorgängen zu ermöglichen und ist damit ein Element des epischen Theaters. Denn wir bekommen Einblick in das Zustandekommen der Konstellation des Stückes und in das Nachdenken über das (Nicht-)Eintreten für die Wahrheit.

5.4 Schluss – Ausweitung der Ergebnisse

1

- **kalte „Fischaugen" des T** stehen für dessen Gefühlskälte, Skrupellosigkeit und spöttische Überheblichkeit (die exemplarisch für die Jugend seiner Zeit gesehen wird)
- **starre Augen der Kinder** in den Fenstern sind Ausdruck der sozialen Situation, die durch Unterdrückung, Ausbeutung gekennzeichnet ist
- **leuchtende Augen des B** stehen für dessen Begeisterung, Enthusiasmus beim Eintreten für die Wahrheit (Auflösung des Kriminalfalls)
- **toter N hat keine Augen** mehr, lässt jedoch den Lehrer **nicht aus den Augen**, erinnert ihn an seine Schuld
- **„kleine, verschmitzte Augen"** Evas stehen für die Diebin; Evas Augen erinnern den Lehrer später an die „stillen Seen" seiner Heimat, also gewissermaßen an Geborgenheit, aber auch an Traurigkeit
- auch die **Augen der Mutter des T** werden zu **„anderen" Augen**, erinnern an die dunkle Kindheit des Lehrers (und der Schüler?)
- **Augen Gottes** erschienen dem Lehrer zunächst „tückisch" und „stechend" (strafender Gott); Lehrer meint dann aber, dass Gott durch Augen wie die Evas, der Mutter des T zu den Menschen schaut

2

„FRÜHER"
wollte eine „andere Welt", „keine Angst haben", „nicht lügen" (9. Bild);
vgl. Umgang mit den Schulbüchern (4. Bild)
d. h.: Idealismus: Verbesserung der Gesellschaft als Ziel

↓

„Rettung" des „Judenkinds" Andri vor den Schwarzen

↓

„JETZT"
betrinkt sich; beschimpft die Andorraner;
will „dieses Volk vor seinen Spiegel zwingen" (1. Bild), tut es jedoch nicht,
zweifelt an der Wirksamkeit bzw. Möglichkeit (vgl. vorliegende Textstelle)
d. h.: Resignation: kein Eintreten für die Wahrheit

↓

zu spätes Eintreten für die Wahrheit:
gegenüber Andri (10. Bild);
gegenüber den Andorranern (Judenschau, 12. Bild)

↓

Selbstmord

3

Bei deinen Ausführung zu einer solchen Arbeitsanweisung solltest du unbedingt klar strukturiert vorgehen und auf keinen Fall nur die betreffenden Teile der Handlung nacherzählen (es geht ja um die **Funktion** der Person!). Also wird es nötig sein, dass du dir – bevor du schreibst – Gedanken zu möglichen Aspekten machst. Im vorliegenden Fall wären z. B. folgende Aspekte denkbar:

- Die Senora wirkt handlungsauslösend bzw. treibt die Handlung voran (durch ihre vormalige Beziehung mit Can und als Mordopfer).
- Die Senora steht als Grenzgängerin (wie früher Can) dafür, dass man durch persönliche Begegnung Feindbilder und Ressentiments überwinden könnte – dass dies aber in einer Gesellschaft, die von Vorurteilen und Gewaltbereitschaft geprägt ist (wie die andorranische und die der Schwarzen), nicht möglich ist.
- Die Senora wirkt auf die (männlichen) Andorraner fremdartig, aber attraktiv; sie ist ein Objekt von deren irrationaler Xenophobie (Fremdenfeindlichkeit).
- Die Senora gibt Einblicke in die gemeinsame Zeit mit Can und damit in Cans innere Konflikte.

Diese Aspekte müsstest du natürlich noch entsprechend ausformulieren und in eine sinnvolle Reihenfolge bringen. **Als erster Aspekt** würde sich etwa die Bedeutung der Senora für die Handlung des Stückes anbieten; man könnte von der vorliegenden Textstelle ausgehen, die Andeutungen bezüglich der Vorgeschichte aufnehmen und auf die Vorfälle im neunten Bild hinweisen. Genauso könntest du mit dem **zuletzt aufgelisteten Aspekt** (Cans innere Konflikte) **beginnen**, der in der vorliegenden Vordergrundszene ja direkt thematisiert wird und von dir bereits herausgearbeitet sein müsste (wenn du den gesamten Aufsatz geschrieben hättest).

5.5 Epische und dramatische Texte – Besonderheiten

1

Claire hat sich nach ihrer Hochzeit (vgl. ihre Kleidung) an einen ihrer **ehemaligen Liebesorte** („Petersche Scheune“) zurückgezogen. Die Ehemänner sind austauschbar, die Ehemänner werden sozusagen an Stelle von Ill, der sie so sehr verletzt hat, gedemütigt. Claire sitzt **„unbeweglich“** da, was auch ihre innere Haltung bezüglich ihres Angebotes verdeutlicht und das Vorhaben des Lehrers und des Arztes von vornherein als aussichtslos erscheinen lässt. Daher kann sie die beiden **gelassen** „durch ihr Lorgnon“ betrachten.

Lehrer und Arzt sind stark **verunsichert**, können sich nur **schlecht orientieren** („tappen sich durchs Dunkel“), fühlen sich nicht wohl (vgl. den „Schweiß“). Sie sind zwar gut, solide, elegant gekleidet, weil sie sich im Vorgriff auf die Milliarde von Claire bereits einiges geleistet haben, müssen sich jedoch den Staub abwischen – der zur Erinnerung an die alte Geschichte zwischen Claire und Ill passt, vielleicht aber auch dafür stehen kann, dass sich die Güllener bereits schmutzig (= **schuldig?**) gemacht haben.

2

Durch das Betrachten der beiden Ankömmlinge nimmt Claire Tempo aus dem Gespräch, das die beiden fast übereifrig mit einer gemeinsam gesprochenen Anrede begonnen haben. Dass sie sich gleich den Staub abwischen, steht für die Machtverhältnisse: **Claire diktiert, was passiert.** Der Arzt bleibt stehen, da es für ihn keinen Platz gibt, er aber auch eher eine Nebenrolle spielt; der **entscheidende Dialogpartner** wird der **Lehrer** sein, der zwar auf Claires Sichtweise einzugehen versucht, die Scheune als „besinnlichen Ort" bezeichnet, dessen Schweißausbrüche aber als ironischer Kommentar zu verstehen sind: Er empfindet die Situation als bedrängend, sicher nicht als „besinnlich".

3

Da **Ill** von den Güllenern keine Hilfe mehr erwartet, kann er sich nur noch an Claire wenden, um aus dieser Geschichte unbeschadet herauszukommen. Zunächst gesteht er Claire seine **Angst**. Als sie nicht darauf eingeht, bittet er sie, ihren – wie er meint – „grausamen Spaß" zu beenden. Schließlich scheint er sogar **gewaltbereit, resigniert** letztlich aber (vgl. das Gewehr). Er sieht ein, dass er **keine Chance** hat. Ob seine Einsicht an dieser Stelle schon weiter geht (in Richtung **Schuldeingeständnis**), darf aufgrund seines „Fluchtplanes" am Ende des zweiten Aktes bezweifelt werden.

4

Beide Gesprächspartner scheinen zwar sehr persönlich aufeinander zuzugehen (vgl. die Anreden zu Beginn des Dialogs), verfolgen im weiteren Verlauf des Gesprächs jedoch nur ihre **eigenen Ziele:** Ill möchte Claire zur Umkehr bewegen, **Claire** schwelgt in **Erinnerungen. Ills Egozentrik** zeigt sich nicht zuletzt auch in seinen Äußerungen, in denen seine Befindlichkeit absolut im Vordergrund steht (vgl. die Satzanapher „Ich …"). **Claire** setzt immer wieder **unbeirrt** an ihrer Erzählung an (man kann sie gut am Stück lesen), so als ob Ill überhaupt nichts gesagt hätte.

5

Dieser Dialog wird vollkommen von **Claire dominiert** – daher ihre großen Redeanteile und ihr unbeirrtes Weiterreden. Zwar schickt sie zunächst ihren Gatten weg und kommt damit scheinbar Ills Wunsch nach einem vertraulichen Gespräch nach. Schließlich nützt sie dieses jedoch für eine letzte Beschwörung der gemeinsamen glücklichen Vergangenheit („und wir waren allein"). **Ill** hingegen **verstummt** schließlich völlig; das Sinkenlassen des Gewehrs ist von keiner Äußerung mehr begleitet, was sein **endgültiges Aufgeben** veranschaulicht.

Test

Die folgenden Fragen helfen dir, deinen Aufsatz nochmals selbstkritisch zu überarbeiten.

1. Hast du durchgängig in einem **sachlichen Stil** (u.a. ohne umgangssprachliche Wendungen, Ausdrücke) geschrieben?
2. Enthält deine Einleitung die erforderlichen Elemente (TATT) und differenzierst du dabei zwischen **allgemeiner** und **spezieller Thematik**?
   (Während das Stück als Ganzes vornehmlich Fragen der Moral und der Käuflichkeit von Werten aufwirft, geht es in dieser Textstelle ja eher um den Umgang mit eigenen Lebensplänen, um sinnvolle Lebensführung insgesamt.)
3. Behältst du bei der Einordnung der Textstelle das **Grundtempus Präsens** immer bei? Hast du dabei die **Elemente der vorausgehenden Handlung** berücksichtigt, die für die vorliegenden Textstelle wichtig sind? (Die Handlung des zweiten Aktes z.B. kann – bis auf die Begegnung Claire–Ill – in einem Satz zusammengefasst werden.)
4. Bist du bei der Untersuchung der Textstelle **strukturiert** vorgegangen? (Dazu könnte z.B. die Einbeziehung der Regieanweisungen beitragen.)
5. Hast du die **Art der Gesprächsführung** von Claire und Ill berücksichtigt, ihre Redeanteile, wie sie miteinander umgehen, ob sie aufeinander eingehen? (Der Abschied mit der Nennung der Namen „Alfred" und „Klara" steht z.B. wohl für die gemeinsame Erinnerung an die schöne Vergangenheit, zeugt aber auch für die momentane Situation von einer gewissen Harmonie; sie trennen sich nicht im Streit.)

6. Wird in deinem Aufsatz **deutlich**, worüber die beiden reden und wie sie das tun, zu **welchen Ergebnissen** sie kommen (insbesondere auch bezogen auf den Ausgang der Handlung – also den Tod Ills)?

7. Konntest du durch **Verweise auf andere Textstellen** den Blick für die vorliegende an der einen oder anderen Stelle schärfen? (So erinnern sich hier z.B. beide **gemeinsam** an ihre Vergangenheit – im zweiten Akt war das ganz anders! Oder du könntest darauf hingewiesen haben, dass Claires Ausdrucksweise auch in diesem Gespräch zumindest teilweise genauso zynisch und verbittert ist wie sonst – etwa wenn sie über das gemeinsame Kind, das „Ding", spricht.)

8. Hast du die **relevanten Begegnungen** zwischen Claire und Ill für die Bearbeitung der dritten Arbeitsanweisung herangezogen (drei Begegnungen im ersten Akt: Bahnhof, Konradsweiler Wald, Wirtshaus; eine Begegnung im zweiten Akt: Balkon; vorliegende Begegnung im dritten Akt: Konradsweiler Wald)?

9. Ist es dir gelungen, nicht nur den **Inhalt der Begegnungen** wiederzugeben, sondern vielmehr die **Motive der Beteiligten** und ihr **daraus resultierendes Verhalten** anzusprechen?

10. Hast du versucht, die Beobachtungen zu den einzelnen Begegnungen nicht nur nebeneinander zu stellen, sondern daraus **Entwicklungslinien abzuleiten**? (Dabei könnte die Leitfrage sein, wie es zum Verhalten der beiden und ihrer Beziehung in der vorliegenden Textstelle kommt, also welche Entwicklungslinien auf diesen Endpunkt hingeführt haben.)

Gestaltende Interpretation literarischer Texte

Start

Innerer Monolog, Brief, Tagebucheintrag, Dialog und Rede.

6 Kurzprosa gestaltend interpretieren

6.1 Der Brief

1

Bei der Schlacht am Isonzo handelt es sich um eine historische Schlacht im Alpenraum in den Jahren des ersten Weltkriegs (1914–1918). Dies kannst du aber nicht wissen, da es keinen konkreten Hinweis auf ein bestimmtes Datum gibt. Die Erwähnung von Pferden (Z. 4) und der Gestalt, die „trommelnd und singend und mit kühn verschobenem Helm aufs Schlachtfeld lief“, deuten eher auf einen vormodernen Krieg hin. Auf der anderen Seite weisen die „Tanks“ (Z. 4), einem anderen Wort für „Panzer“, auf einen mechanisierten, mit Maschinen betriebenen Krieg des 20. Jahrhunderts hin. Ein Datum zwischen 1880 und 1920 wäre daher ideal.

2

Der Maler ist offenbar ein einfacher Soldat, der General ist einer seiner Vorgesetzten. Er wird den General im Brief sicherlich mit „Sie“ anreden und in einem höflichen, ehrerbietigen Stil schreiben.

3

Unterschiedliche Wahrnehmungen des Krieges:

Maler	**General**
- Sterbende, denen die Gedärme aus dem Leib quellen (Z. 3–4) - Leichen, die nur noch aus blutigem Brei bestehen (Z. 4–5) - Soldaten in besudelten Uniformen, angstverzerrte Gesichter (Z. 6–7) - Offiziere außerhalb des Gefahrenbereiches, die Weiber schwängern, trinken und spielen (Z. 7–9)	- (heldenhafte) Gestalt, die trommelnd, singend, mit kühn verschobenem Helm auf das Schlachtfeld läuft (Z. 15–16)

4

Vielleicht möchte der Maler dem General den Blick dafür öffnen, dass er ein völlig falsches Bild vom Krieg hat und die Grausamkeit nicht wahrhaben will.

5

Dem Maler geht die Begegnung nicht aus dem Kopf, weil der General nur ein Teil des Bildes kauft und dieses aus dem großen Gemälde schneiden lässt.

6

Um die Achtung vor dem General auszudrücken, könnte man als Grußformel „hochachtungsvoll“ oder „untertänigst“ verwenden.

7

So könnte der Brief möglicherweise aussehen:

Brixen, 3. Februar 1920

Verehrter General,
erlauben Sie mir, einem einfachen Soldaten und Maler, Ihnen einige Zeilen zu schicken. Sie haben vor einigen Wochen ein Bild von mir gekauft, genauer gesagt nur einen Teil eines Bildes, in dem ich versucht hatte, die schrecklichen Geschehnisse der Schlacht am Isonzo auf die Leinwand zu bringen. Dies hat mich viele Tage beschäftigt.
Ich selber bin in der Schlacht gewesen, habe die Freunde neben mir sterben sehen, habe mit ansehen müssen, wie ihre Gedärme aus den aufgerissenen Leibern quollen und wie von ihren Leichen nur noch Brei übrig geblieben war, nachdem Pferde und Tanks über sie hinweggegangen waren. Ich werde diese Bilder niemals vergessen können.
Auch wenn es Sie schmerzen mag, darf ich nicht verschweigen, dass Sie diese Grausamkeiten nicht wahrgenommen haben. da Sie und die anderen Offiziere damit beschäftigt waren, Weiber zu schwängern, Kognak zu saufen und um Geld zu spielen. Für Sie ist der Krieg eine heldenhafte Angelegenheit, Sie wollen nur die tapferen Gestalten sehen, die singend und trommelnd aufs Schlachtfeld laufen. Einen solchen Ausschnitt haben Sie aus meinem Gesamtbild herausschneiden und sich einrahmen lassen, um Ihr Bild von der Schlacht in Erinnerung zu behalten bzw. der Nachwelt zu überliefern.
Mit Verlaub, dieses Bild entspricht nicht der Wahrheit. Sie dürfen das Leid der einfachen Soldaten nicht einfach ausblenden und vergessen.

Hochachtungsvoll
Franz Maierhofer, Maler

6.2 Der innere Monolog

1

Reaktionen und Gefühle des Mannes in blauer Schrift, Reaktionen und Gefühle der Frau in fett gedruckter Schrift:

Sie umarmen sich, und alles ist wieder gut. Das Wort ENDE flimmert über ihrem Kuss. Das Kino ist aus. **Zornig schiebt er** sich zum Ausgang, sein Weib **bleibt im Gedränge hilflos stecken**, weit hinter ihm. Er tritt auf die Straße und **bleibt nicht stehen, er geht, ohne zu warten, er geht voll Zorn,** und die Nacht ist dunkel. **Atemlos, mit kleinen, verzweifelten Schritten holt sie ihn ein, holt ihn schließlich ein und**

keucht zum Erbarmen. Eine Schande, sagt er im Gehen, eine Affenschande, wie du geheult hast. Sie keucht. Mich nimmt nur wunder warum, sagt er. **Sie keucht. Ich hasse diese Heulerei, sagt er, ich hasse das.** Sie keucht noch immer. **Schweigend geht er und voll Wut, so eine Gans, denkt er, so eine blöde, blöde Gans, und wie sie keucht in ihrem Fett. Ich kann doch nichts dafür, sagt sie endlich, ich kann doch wirklich nichts dafür, es war so schön, und wenn es schön ist, muss ich einfach heulen. Schön, sagt er, dieser Mist, dieses Liebesgewinsel, das nennst du also schön, dir ist ja wirklich nicht zu helfen. Sie schweigt und geht und keucht und denkt, was für ein Klotz von Mann, was für ein Klotz.**

2

Es bleibt unklar, um was für einen Film es sich genau handelt. Das romantische Ende deutet aber eher auf einen Liebesfilm oder einen Film über Beziehungsprobleme (vgl. Z. 1 alles ist wieder gut) hin. Einem Klischee entsprechend sind Frauen empfänglicher für solche Filme, sodass es wahrscheinlicher ist, dass sie den Vorschlag für den Kinobesuch gemacht hat. Möglicherweise ist der Mann ohnehin mit Vorbehalten mitgekommen.

3

Das Verhältnis der beiden ist gestört, ihre Beziehung brüchig. Ohne Grund lässt der Mann die Frau im Kino zurück (Z. 2 – 5) und wartet nicht auf sie. Unberechtigterweise ist er voller Zorn über ihre emotionale Reaktion. Er sagt, er „hasse die Heulerei" (Z. 8), möglicherweise, weil er dieses Verhalten auch aus Auseinandersetzungen in ihrer eigenen Beziehung kennt. Dies könnte eine Erklärung dafür sein, dass er ihre Tränen als „Affenschande" und die Frau selbst innerlich als „blöde Gans" (Z. 10) bezeichnet. Wie schwer geschädigt das Verhältnis ist, zeigt auch seine Bemerkung, dass ihr „nicht zu helfen" (Z. 14) sei.
Die Frau hingegen geht nicht offensiv mit ihren Emotionen um, sie wirkt hilflos (Z. 3). Sie stellt den Mann nicht zur Rede, dass er ihr einfach davonrennt, sondern sie rennt ihm hinterher. Ihre Schritte sind klein und verzweifelt (Z. 5), sie selbst ist „atemlos" und keucht. (Z. 5 – 6). Sie hat das Gefühl, sich rechtfertigen zu müssen. Deshalb sagt sie, dass sie nichts dafür könne, da es so schön gewesen sei (Z. 11 – 12). Als der Mann ihr vorwirft, ihr sei nicht zu helfen, wenn sie bei so einem „Liebesgewinsel" (Z. 13) weinen müsse, gibt sie auf und beklagt sich – ohne es auszusprechen – dass er ein gefühlloser Klotz sei (Z. 15). Beide können nicht mehr miteinander sprechen, sondern schweigen sich an.

4

Für die Frau dürfte der Kinobesuch in einem Zusammenhang von Krisenmomenten in ihrer Beziehung stehen. Anders sind ihre Reaktionen nicht zu erklären. Die Frau wirkt deutlich emotionaler als ihr Mann, möglicherweise hätte sie sich gewünscht, dass sie sich – wie im Film – umarmen würden und alles wieder gut sei. Auch aus ihrem Verhalten – sie läuft ihm hinterher und entschuldigt sich – lässt sich schließen, dass ihr die Beziehung wichtig(er) ist, da sie dadurch versucht, die Situation zu retten. Die Frau weiß, dass ihr Mann kompromisslos und nicht zum Gespräch bereit ist. Möglicherweise kennt sie ähnliche Reaktionen ihres Mannes bereits.

5

Es könnte sein, dass die Frau den Kinobesuch als Anlass nimmt, über ihre Beziehung zu sprechen.

6

a) Satzreihen wechseln mit extrem kurzen Sätzen ab.
b) Gedanken und Äußerungen stehen im Indikativ ohne Anführungszeichen.

7

So könnte der innere Monolog der Frau aussehen:
Was für ein Klotz von Mann! Ich kann doch wirklich nichts dafür, wenn es im Film so schön ist, muss ich einfach heulen. Dort haben sie sich am Ende umarmt und geküsst und alles war wieder gut. Und bei uns?
Ich hatte gedacht, wenn wir uns den Film anschauen, dass wir einen schönen Abend erleben, vielleicht noch Essen gehen, so wie früher. Deshalb habe ich ihm auch den Vorschlag gemacht und extra einen Film ausgesucht, der ihn auch interessieren könnte.
Auch wenn ihm der Film nicht gefallen hat, muss er doch nicht gleich wegrennen. Was er wohl gedacht hat? Eine Schande ist es, wie du geheult hast, hat er gesagt. Ich hasse diese Heulerei. Das hat mich verletzt und zugleich wütend gemacht. Ich kann nichts dafür. Das habe ich auch gesagt. Wie so häufig habe ich mich auch noch entschuldigt, doch seine Antwort war nur, dir ist ja wirklich nicht zu helfen.
Wir sind einfach sehr verschieden, ihm ist es peinlich, Gefühle zu zeigen, manchmal kann er richtig kalt sein. Aber so sind Männer nun einmal.
Wie unsere Beziehung wohl weitergeht? Ich weiß nicht mehr, was ich tun soll. Dabei liebe ich ihn noch immer. Sollte ich ihn einfach einmal darauf ansprechen?

6.3 Der Tagebucheintrag

1

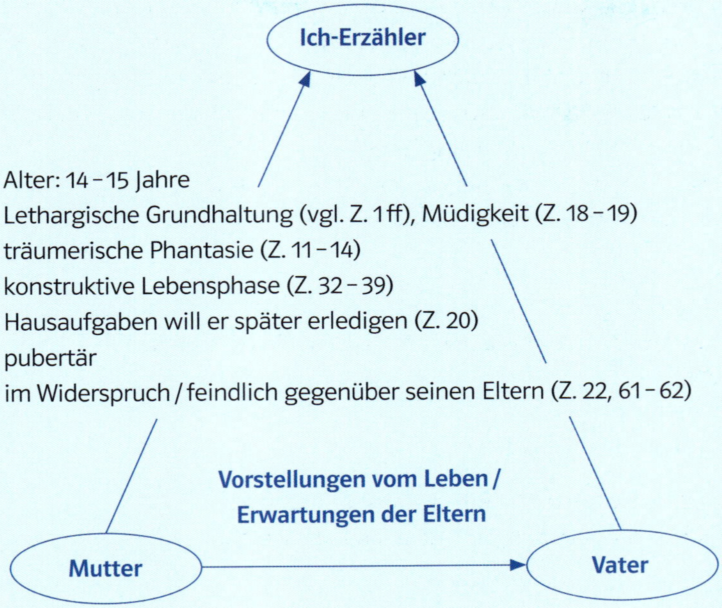

Du musst Hausaufgaben machen
Du musst büffeln, sonst gehst du zugrunde (Z. 24 – 27)
Ich dulde keinen Widerspruch (Z. 23)
Du darfst mir keine Schande machen, ich bin verantwortlich für dich (Z. 28 – 30)
Leben heißt arbeiten (Z. 30 – 31)

Du bist alt genug, um über die Zukunft nachzudenken (Z. 45 – 46)
Handelsschule und Eintritt ins väterliche Kontor (Z. 49 – 50)
Zum Studieren fehlt dir die Ausdauer, du gehörst ins praktische Berufsleben (Z. 54 – 55)
Leben ist Ernst, Mühe, Verantwortung, kein Spaß (Z. 56 – 57, 59)

2

Vorstellungen der Mutter:	mögliche Entgegnungen:
Du machst die Hausaufgaben jetzt	→ Ich bin alt genug, um über den Zeitpunkt zu entscheiden
Du musst büffeln und wieder büffeln	→ meine Noten sind gar nicht so schlecht Ich bin selbst verantwortlich für mich.
Ich bin verantwortlich für dich, leide schlaflose Nächte	→ Als ich Kind war, hast du die Verantwortung gehabt, nun muss ich selbst schauen, wo ich bleibe.
Leben heißt arbeiten	→ Das weiß ich. Ich habe gesehen, wie ihr euch für mich abschuftet.

Vorstellungen des Vaters:	mögliche Entgegnungen:
Du gehst auf die Handelsschule und kommst in mein Kontor	→ Ich möchte die Schule bis zum Ende absolvieren. Eigentlich möchte ich studieren, vielleicht Architektur. (vgl. seine Konstruktionen Z. 32 ff)
Zum Studieren taugst du nicht, du gehörst ins praktische Berufsleben	→ du kennst mich gar nicht
Das Leben ist kein Spaß, sondern Mühe, Ernst und Verantwortung	→ ich bin bereit, Verantwortung zu übernehmen
Am Ende des Schuljahres ist Schluss mit den Träumereien	→ lass mir Zeit, erwachsen zu werden

3

Die Körpersprache der Eltern ist gewalttätig, zielt auf Gehorsam und duldet keinen Widerspruch.
Die Mutter beherrscht den Raum mit ihrer Allmacht (Z. 17). Sie hebt die Faust, wie ein Wappenschild (Z. 22 – 23). Dicht tritt sie an den Erzähler heran, ihre Worte fallen wie Steine (Z. 24). Zuletzt zieht sie ihn zum Schreibtisch (Z. 27).
Der Vater schlägt mit der flachen Hand auf den Tisch (Z. 63).

4
Der Erzähler verwendet lange Sätze, häufig Satzreihen.

5
Direkte Rede wird von ihm ohne Anführungszeichen eingesetzt.

6
So könnte ein Tagebucheintrag des Ich-Erzählers aussehen:

26. November

Liebes Tagebuch,

wieder einmal habe ich es nicht geschafft, meiner Mutter zu widersprechen. Ich schäme mich dafür vor mir selbst, dass ich es in meiner Lethargie einfach nicht hinkriege. Sie macht es einem aber auch wirklich nicht leicht. Warum muss sie ihre Faust wie zu einem Wappenschild erheben oder mich gewaltsam zum Schreibtisch ziehen. Ich habe es satt, ihre ewigen Vorwürfe und kritischen Fragen zu hören, ob ich schon meine Hausaufgaben gemacht habe. Ich bin doch alt genug, selbst zu entscheiden, wann ich sie erledige, doch jedes Mal, wenn ich davon anfange, brummelt sie etwas davon, ich dulde keinen Widerspruch. In ihrer Allmacht, mit der sie den Raum beherrscht, fallen ihre Worte wie Steine auf mich und ich weiß nichts zu sagen. Dabei hätte ich auf ihre Forderung, du musst büffeln und wieder büffeln, entgegnen können, dass meine Noten gar nicht so schlecht sind. Zugegebenermaßen bin ich nicht sehr gut, doch aus mir wird schon etwas werden. Meine Mutter wird nicht müde mir zu sagen, du darfst mir keine Schande machen, sie fühle sich verantwortlich. Dabei bin ich doch selbst verantwortlich für mich und mein Leben. Als ich noch ein Kind war, hat sie allein die Verantwortung gehabt, doch nun muss ich mein Leben selbst in die Hand nehmen. Ich kann ihre Worte nicht mehr hören, leben heißt arbeiten, arbeiten und arbeiten und immer wieder arbeiten. Wie oft hat sie mir das schon gepredigt. Hätte ich doch nur den Mut, ihr zu sagen, dass ich sehe, wie sehr sie sich abgeschuftet haben, dass es mir gut geht. Könnte ich ihr doch nur zeigen, wie sehr ich ihr für ihre Mühe danke.

Test

Hast du folgende Vorüberlegungen angestellt?

1. Wie könnte man die **Mutter** beschreiben?
   Die folgenden Informationen bilden keine vollständige Liste, können dir aber helfen, dich in die Figur hineinzudenken:
   Hast du für dich herausgearbeitet, dass sie
   - auf dem Land wohnt, die Stadt und die große weite Welt nur vom Hörensagen kennt?
   - möglicherweise immer Hausfrau und Mutter gewesen ist?
   - (vermutlich) eine einzige erwachsene Tochter hat?
   - in etwa zwischen 45 und 55 Jahren sein dürfte?
   - bereit ist, sich anzupassen (vgl. Essenzeiten, Warten)?
   - häufig in der Vergangenheit schwelgt: „Sie war immer ein liebes Kind" (Z. 10); „sie hat das alles von deiner Schwester. Erinnerst du dich, wie schön deine Schwester singen konnte?" (Z. 40 – 41)?

2. Hast du den Text im Hinblick auf das **Verhältnis der Frau zu ihrer Tochter** markiert?
   Hast du erkannt, dass
   - sie ihre Tochter bewundert, aber mit ihrer modernen, städtisch geprägten Lebensweise (Platten, Hocker aus marokkanischem Leder, Zigaretten (Z. 13 – 15), Mittagspause in einem Tearoom (Z. 20 – 22), Modejournal (Z. 31) nichts anfangen kann?
   - sie weiß, dass die Tochter bald ausziehen und in der Stadt ein Zimmer nehmen wird (Z. 34 – 35)?
   - Gespräche mit der Tochter Beziehungsprobleme und Unverständnis einander gegenüber offenbaren? Auf die Aufforderungen der Mutter, zu schildern, was sie gemacht habe bzw. einen französischen Satz zu formulieren, weiß die Tochter nichts zu sagen (Z. 23 – 24, 47 – 48).
   - die Kenntnisse über die Tochter im wesentlichen auf fiktiven Vorstellungen basieren?

3. Hast du den Text auf das **Verhältnis der Frau zu ihrem Mann** untersucht? Ist dir aufgefallen, dass
   - die Eheleute in einer traditionellen Rollenverteilung leben?
   - die beiden wenig miteinander sprechen, während sie auf ihre Tochter warten?
   - ihre Gespräche schleppend verlaufen (Z. 40 ff)?
   - die Gespräche zwischen ihnen sich ausschließlich um die Tochter drehen? Anders ausgedrückt offenbart dies, dass ihr gemeinsames Leben um die Tochter kreist. Wenn diese nicht mehr da ist, entfällt die gemeinsame Gesprächsbasis.

4. Hast du die **sprachlich-stilistischen Eigenheiten** der Textvorlage untersucht? Hast du herausgearbeitet, dass
   - Formulierungen wie „stellten sie sich vor" verwendet werden?
   - die Tochter stets „nichts zu sagen" wusste?
   - „warten" eine zentrale Rolle spielt?

5. Hast du dir beim Verfassen des Textes, **Gedanken gemacht, die über die Vorlage hinausgehen**, aber in einem solchen inneren Monolog vorkommen könnten? Hast zu möglicherweise berücksichtigt, dass
   - die Frau mit ihrem Leben zufrieden/nicht zufrieden ist?
   - sie sich um die Zeit sorgt, wenn ihre einzige Tochter aus dem Haus ist?

7 Ganzschriften gestaltend interpretieren

7.1 In einen Zeitungstext umformen

1

a) Katharina Blum ist nach Aussagen ihrer Nachbarn eine stets adrette, immer freundliche, wenn auch kühle Person. Dies deckt sich mit der Beschreibung ihres Chefs, der sie als sehr kluge und kühle Person charakterisiert. Gegenüber Männern ist sie sehr zurückhaltend, sodass Bekannte und Freunde ihr den Spitznamen „Nonne" gegeben haben. Sie meidet Diskotheken und hat sich von ihrem Mann scheiden lassen, weil dieser zudringlich geworden ist. Sie wohnt in einer Eigentumswohnung, in der sie gelegentlich Herrenbesuche empfängt. Offenbar hat sie ein starkes Rechtsempfinden, sodass sie sich nach dem Mord umgehend der Polizei stellt.

b) Sie gibt vor, nichts von Göttens Machenschaften gewusst zu haben. Auch wenn es merkwürdig ist, dass sie mit ihm gleich innig tanzte, ist dies ebenso wenig ein Verbrechen wie die Tatsache, dass sie ihn mit nach Hause genommen hat und mit ihm intim geworden ist. Allerdings hat sie seine Flucht ermöglicht, sodass sie wegen Fluchthilfe angeklagt werden kann.

c) Wunde Punkte im Leben von Katharina Blum:

Fakten	Journalistische Interpretation der „Wahrheit"
Sie besitzt eine Eigentumswohnung im Wert von 100 000 Mark	Geld aus Bankraub oder anderen kriminellen Machenschaften Göttens
Ihr Bruder verbüßt eine geringfügige Freiheitsstrafe	Krimineller Hintergrund der Familie; alle sind Verbrecher
Mutter hat mit Küster eine Flasche Messwein in Sakristei geleert	Alkoholismus der Mutter, Verwahrlosung Katharinas, Sittenlosigkeit in der Familie
Vater ist verkappter Kommunist	Katharina im Bund mit Terroristen (RAF)
Intimität mit Bankräuber Götten	Katharina als langjährige Geliebte; gefährliche Komplizin

2

a) Folgende Begriffe dürften in einer Boulevard-Zeitung kaum vorkommen, da sie zu wenig Dramatik aufweisen bzw. zu zurückhaltend sind: Täter, Verdächtiger, Frau, Freundin, Geliebte, Hausfrau, Wirtschafterin.

b) Mögliche Komposita aus beiden Spalten könnten sein: Banditen-Braut, Räuber-Schlampe, Mörder-Hure, Räuber-Liebchen, Terroristen-Flittchen etc.

c) Eine mögliche reißerische Überschrift wäre „Banditen-Braut gefasst – Mörder entkommen"

d) Ungeeignet sind: „mutmaßlich", „noch nicht überführte", da sie zu vage im Sinne einer auf Sensation ausgerichteten Presse sind.

3

DIE ZEITUNG

Banditen-Braut gefasst – Mörder entkommen

Gestern morgen stürmte ein bis an die Zähne bewaffnetes Einsatzkommando der Polizei die Wohnung der Katharina B. (27).

Der gesuchte Bankräuber und Mörder Ludwig Götten konnte allerdings nach einer ausschweifenden Sex-Nacht mit ihr entkommen.

Was weiß sie über dessen Verbleib? Katharina B. befand sich seit längerem unter Beobachtung der Polizei. Als sie gestern auf einer Party in einer konspirativen Wohnung ihren Komplizen, den gefährlichen Götten, traf, wurde Alarmstufe 1 ausgelöst.

Katharina wuchs in einer zerrütteten Familie auf. Die Mutter ist Alkoholikern, ihr Vater ein Kommunist. Ihr Bruder sitzt derzeit im Knast.

Die keusche B. hat den Spitznamen „Nonne". Sie gilt als kühl und berechnend. Wird sie den Terroristen ans Messer liefern?

DIE ZEITUNG

Tötges – tot
Die „Nonne" schlägt erbarmungslos zu

Die Zeitung trauert um einen ihrer Besten: Werner Tötges (42 J.), Vater von zwei Kindern (12 J. und 10 J.).

Er wurde von der Mörder-Mieze Katharina B. in ihre Wohnung gelockt und kaltblütig mit mehreren Schüssen niedergestreckt.

Tötges hatte im Fall der Katharina B. ermittelt.

Die Nonne, wie sie von ihren Freunden genannt wird, gilt als Schüsselfigur in der Jagd auf den Schwerverbrecher Ludwig Götten, dessen Verschwinden die Polizei seit Tagen in Aufregung versetzt.

Nun hat der Terror ein unschuldiges Opfer gefordert.

Tötges galt bei seinen Kollegen als Vorbild. „Er war hart aber fair, immer der Wahrheit verpflichtet", sagte uns seine Frau.

Wie lange können wir es uns noch leisten, dass Terroristen frei herumlaufen und Unschuldige ins Verderben reißen? Versagt unsere Polizei?

7.2 Eine Rede halten

1

Hans Giebenrath ist ohne Zweifel ein Sonderling im kleinen Provinznest Calw im Schwarzwald. Er ist ungewöhnlich begabt, in jeder Hinsicht etwas Besonderes. Woher er seine Gaben hat, die ernsthaften Augen, die gescheite Stirn, das Feine im Gang, bleibt unklar.
Aufgrund seiner Begabung wird er als einziger des Ortes zum Landexamen angemeldet, der Eingangsvoraussetzung für eine kostenlose Schullaufbahn ins Maulbronner Seminar, ins Theologische Stift in Tübingen bis zur Kanzel bzw. ins Lehramt.
Seine Mutter war in seiner frühen Kindheit gestorben. Dies mag ein Grund dafür sein, dass er schüchtern und zurückhaltend ist. Hinzu kommt sein eigener Ehrgeiz und Stolz. Das Ergebnis ist jedenfalls, dass er kaum Freunde hat.
Hans schafft das Landexamen (als zweitbester) und wird in die Klosterschule Maulbronn aufgenommen. Nach anfänglichen Erfolgen bricht er unter privaten Schicksalsschlägen zusammen und wird nach Haus entlassen. Schließlich wird er Mechaniker in Calw.

2

Einstellungen/Zitate des Stadtpfarrers:
„Du weißt, daß wir alle Hoffnungen auf dich setzen. Im Latein erwarte ich eine besondere Leistung von dir."
„Wenn ich aber durchfalle", meinte Hans schüchtern.
„Durchfallen?!" Der Geistliche blieb erschrocken stehen. **„Durchfallen ist einfach unmöglich! Einfach unmöglich! Sind das Gedanken!"**
„Ich meine nur, es könnte doch sein ..."
„Es kann nicht sein, Hans, es kann nicht; darüber sei ganz beruhigt."

Einstellungen/Zitate Flaigs:
(...) so ein Examen doch nur etwas Äußerliches und Zufälliges sei. Durchzufallen sei keine Schande, das könne den Besten passieren und falls es ihm so gehen sollte, möge er bedenken, daß Gott mit jeder Seele seine besonderen Absichten habe und sie eigene Wege führe.
Hans sah ihm nach; dann schaute er sich nach dem Schuhmacher um. Was hatte er doch gesagt? **Aufs Latein käme es nicht so sehr an, wenn man nur das Herz aufm rechten Fleck habe und Gott fürchte.**

Beim Vater und der alten Anna, die ununterbrochen heulte, blieb der Meister Flaig am Grabe zurück.
„Ja, so was ist herb, Herr Giebenrath“, sagte er teilnehmend. **„Ich habe den Buben auch liebgehabt.“**
Der Schuhmacher deutete den durchs Kirchhoftor abziehenden Gehröcken nach.
„Dort laufen ein paar Herren“, sagte er leise, **„die haben auch mitgeholfen, ihn so weit zu bringen.“**
„Was?“, fuhr der andere auf und starrte den Schuster zweifelnd und erschrocken an. „Ja, sackerlot, wieso denn?“
„Seien Sie ruhig, Herr Nachbar. Ich hab' bloß die Schulmeister gemeint.“

Nützliche Hinweise des Erzählers vor/nach dem Scheitern von Hans:
Die Ehre war groß, doch hatte er sie keineswegs umsonst. An die Schulstunden, die täglich bis vier Uhr dauerten, schloß sich die griechische Extralektion beim Rektor an, um sechs war dann der Herr Stadtpfarrer so freundlich, eine Repetitionsstunde in Latein und Religion zu geben, und zweimal in der Woche fand nach dem Abendessen noch eine einstündige Unterweisung beim Mathematiklehrer statt. […]

Und keiner dachte daran, daß die Schule und der barbarische Ehrgeiz des Vaters und einiger Lehrer dieses gebrechliche Wesen so weit gebracht hatten. Warum hatte er in den empfindlichsten und gefährlichsten Knabenjahren täglich bis in die Nacht hinein arbeiten müssen? Warum hatte man ihm seine Kaninchen weggenommen, ihn den Kameraden in der Lateinschule absichtlich entfremdet, ihm Angeln und Bummeln verboten und ihm das hohle, gemeine Ideal eines schäbigen, aufreibenden Ehrgeizes eingeimpft? Warum hatte man ihm selbst nach dem Examen die wohlverdienten Ferien nicht gegönnt? Nun lag das überhetzte Rößlein am Weg und war nicht mehr zu brauchen.

[…] keiner kümmerte sich um ihn. Zweimal sprach der alte Rektor ein paar freundliche Worte mit ihm, auch der Lateinlehrer und der Stadtpfarrer nickten ihm auf der Straße wohlwollend zu, aber eigentlich ging Hans sie nichts mehr an. Er war kein Gefäß mehr, in das man allerlei hineinstopfen konnte, kein Acker für vielerlei Samen mehr; es lohnte sich nicht mehr, Zeit und Sorgfalt an ihn zu wenden.

3

Der Stadtpfarrer dürfte angesichts der hohen Erwartungen, die das Städtchen und er persönlich an Hans gestellt hatten, den Tod als letztes Glied in einer Kette von Unglücksfällen deuten. Flaig hingegen dürfte offen aussprechen, dass Hans an den Anforderungen zerbrochen und in den Tod getrieben worden ist. Er macht – wie im letzten Gespräch mit dem Vater deutlich ausgedrückt – die Schulmeister, einschließlich des Stadtpfarrers, für den Tod verantwortlich.

4

Der Stadtpfarrer hält seine Rede in einem öffentlichen Rahmen. Es ist üblich, dass man auf Beerdigungen über den Verstorbenen nichts Schlechtes sagt, sodass auch er nur das Beste von Hans schildern wird. Er hält seine Rede in seiner offiziellen Funktion als Pfarrer. Er wird sein Publikum mit „verehrte Trauergäste“ oder „liebe Gemeinde“ anreden.
Flaig hingegen spricht in einem privaten Rahmen, der auch unbequeme Wahrheiten zulässt. Er spricht seine Zuhörer mit „liebe Freunde“ bzw. „ihr“/ „euch“ an.

5

So könnte die Rede des Stadtpfarrers lauten:

Lieber Herr Giebenrath, verehrte Trauergäste,
wir alle kannten und mochten den jungen Hans, den der HERR nun auf so tragische Weise von uns genommen hat. Er war einer unserer Besten, ein Hoffnungsträger, und wir fühlten uns geehrt, als er nach Jahren der geistigen Verwahrlosung unser Städtchen beim Landexamen vertrat. Ich selbst habe ihn in den vielen Stunden, in denen wir nach dem normalen Unterricht das Examen vorbereitet haben, besonders schätzen gelernt. Auch wenn er selbst Zweifel hatte, konnte er gar nicht durchfallen, liebe Trauergäste. Es überraschte mich nicht, als er als zweitbester des Landes abschnitt.
Hoffnungsvoll begleiteten unsere Wünsche ihn ins Maulbronner Seminar. Auch hier konnte er seine Fähigkeiten unter Beweis stellen. Doch nach unglücklichen Freundschaften erkrankte er und Gott hatte schließlich ein Erbarmen und entließ ihn wieder in die Heimat.
Hans hat es nicht immer leicht gehabt im Leben. Schon früh verstarb seine Mutter, die uns allen noch in lebendiger Erinnerung ist. Sie, lieber Herr Giebenrath, gaben ihr Bestes, sodass er seine geistigen Fähigkeiten verwirklichen konnte. Aus ihm hätte, liebe Gemeinde, etwas Großes werden können. Doch die Wege des Herrn sind unerfindlich. Durch einen tragischen Unfall ist er nun so früh abberufen worden. Doch wir werden ihn immer in Erinnerung behalten. Amen.

Und so könnte Meister Flaig im Familien- und Freundeskreis sprechen:

Liebe Freunde,
der Tod von Hans Giebenrath geht mir zu Herzen. Ich kannte ihn seit seiner frühen Kindheit, die er ohne seine früh verstorbene Mutter verleben musste. Er war anders als andere, feiner im Gang, hatte ernsthaftere Augen, war klüger, aber auch ehrgeiziger. Ich habe ihm immer gesagt, dass so ein Examen und schulischer Erfolg doch nur etwas Äußerliches und Zufälliges sei. Durchfallen sei keine Schande, das könne den Besten passieren. Gott habe mit jedem von uns seine besonderen Absichten. Ihr wisst, liebe Freunde, man muss nur Gott fürchten und das Herz am rechten Fleck haben.
Doch die Schulmeister, der Rektor, der Stadtpfarrer und der barbarische Ehrgeiz seines Vaters haben dieses gebrechliche Wesen schließlich zugrunde gerichtet. Warum hat er in den empfindlichsten und gefährlichsten Knabenjahren täglich bis in die Nacht hinein arbeiten müssen? Warum hat man ihm seine Kaninchen weggenommen, ihn den Kameraden in der Lateinschule absichtlich entfremdet, ihm Angeln und Bummeln verboten und ihm das hohle, gemeine Ideal eines schäbigen, aufreibenden Ehrgeizes eingeimpft? Warum hat man ihm selbst nach dem Examen die wohlverdienten Ferien nicht gegönnt?
Als er von Maulbronn heimkam, kümmerte sich keiner mehr um ihn. Er war kein Gefäß mehr, in das man allerlei hineinstopfen konnte; es lohnte sich nicht mehr, Zeit und Sorgfalt an ihn zu wenden. Mechaniker, das war sicherlich nicht seine Welt, doch was blieb ihm übrig? Unter den Augen seiner enttäuschten Förderer und dem Spott seiner ehemaligen Mitschüler verlor er jede Lebensfreude. Es ist eine Schande, dass er so weit getrieben wurde und sich schließlich das Leben nahm. Ich wünschte, liebe Freunde, er hätte sich rechtzeitig an mich gewandt. Lasst ihn uns in guter Erinnerung behalten.

7.3 Gespräche in Szene setzen

1

a) Ort der Szene: stiller Park vor einem englischen **Landsitz** namens **Fotheringhay**

b) Man könnte eine Mauer oder ein schwarzes Metallgitter, wie es in England auch heute noch üblich ist, verwenden. Dies könnte entweder an einer Seite stehen, nach vorn zum Publikum oder nach hinten den Raum begrenzen.

c) So könnte die Skizze eines Bühnenbildes aussehen

Diese schon sehr ausgearbeitete Skizze soll dir als Anregung für deinen eigenen Bühnenbildentwurf dienen. Denke daran, dass das Hintergrundbild andeuten soll, wo die Szene spielt. Im Vordergrund brauchst du nur einige wenige, ausdrucksstarke Requisiten, um die Situation der handelnden Figuren zu verdeutlichen.

2

Folgende Regieanweisungen sind möglich, um das Gespräch dramaturgisch umzusetzen:

(1) (Mimik? Gestik? zu wem spricht sie?) ***angsterfüllt, Hände zum Gebet, ins Publikum***
(2) (Reaktion der Lords?) ***Verlegene Pause/Schweigen***
(3) (sagt sie die Wahrheit oder verstellt sie sich?) **Sie weiß es, verstellt sich, um Schuld auf andere zu schieben**
(4) (Was macht Maria? Körpersprache? Gestik?) ***zögerlich, unruhig, versucht sich zusammenzunehmen, aufrecht bietet sie Elisabeth die Stirn***
(5) (Reaktion auf Maria?) ***zu den Lords, ehrlich überrascht***
(6) (zu wem spricht sie? Gestik?) ***zum Publikum bzw. sich selbst, sich überwindend, einen Schritt auf Elisabeth zugehend***
(7) (Gestik?) ***Sie kniet vor Elisabeth nieder***
(8) (Gestik? Tonfall?) ***abweisend, Kopf so zur Seite gewendet, dass sie Maria nicht anschauen muss oder zurücktretend; arroganter, herablassender Ton***
(9) (Gestik, Mimik der Königinnen? Wie weit stehen sie auseinander?) ***Maria flehend, Arme offen ausgestreckt, Elisabeth möglicherweise ihr den Rücken zugekehrt, auf Distanz bedachte Gestik und Mimik; Entfernung mindestens 3 Meter***
(10) (zu wem spricht sie? Gestik?) ***zum Publikum, Hände über dem Herz, oder betend***
(11) (Tonfall?) ***siegesgewiss, triumphierend***
(12) (Tonfall? Körperhaltung? Entfernung zu Elisabeth?) ***gereizt, laut, zum Himmel schreiend; Hände zum Himmel erhoben, geballte Fäuste, sich abwendend; sie entfernt sich von Elisabeth***
(13) (Tonfall?) ***gemein, rachedurstig***
(14) (Lautstärke?) ***sehr laut***
(15) (emotionaler Zustand? Lautstärke?) ***aufgewühlt, aufrichtig und stolz, laut***
(16) (Gestik? Stellung zu Elisabeth? Tonfall?) ***drohend, herablassend, triumphierend, sich Elisabeth nähernd***

3

„Der Prozess gegen Güllen" – Juristische Klärung

a) Claire Zachanassian möchte sich Gerichtigkeit kaufen. Sie verspricht den Bewohnern und der Stadt Güllen die Summe von einer Milliarde und verlangt dafür den Tod von Alfred Ill, der sie ins Unglück gestoßen hat. Juristisch gesehen ist dies Anstiftung zum Mord.

Der Bürgermeister bringt zusammen mit den anderen Ill um. Dabei ist es nebensächlich, wer den Tod tatsächlich verursacht. Die Anklage müsste auf Mord lauten.

b) Nachzuweisen ist auf jeden Fall das öffentliche Angebot Claires. Vorwerfen kann man ihr auch, dass sie Güllen absichtlich in den Ruin getrieben hat (Vorspann). Dadurch kommen die Bewohner erst in die Verlegenheit, auf das Angebot eingehen zu müssen.
Der Bürgermeister plant nachweislich mit dem Geld, das durch Ills Tod an die Stadt fließt, ein neues Stadthaus zu bauen. Darüber hinaus täuscht er mit seiner Rede bei der todbringenden Versammlung absichtlich die Öffentlichkeit, indem er von einer Stiftung im Sinne der Gerechtigkeit spricht und den Grund für Ills Sterben mit „Tod aus Freude" bekannt gibt.

4

a) Notwendig wäre in jedem Fall ein Gerichtssaal, in dem es eine Richterbank (vielleicht im Hintergrund mit Justitia, dem Symbol für Gerechtigkeit), einen Zeugenstuhl sowie zwei Tische und Stühle für den Staatsanwalt und den Verteidiger gibt. Ferner könnten angemessene Sitzgelegenheiten für Zeugen oder Angeklagte, die schon vernommen worden sind, an einer Stelle postiert werden. Zuschauer im Gerichtssaal wären sicherlich nicht sinnvoll, da die Bühne dann zu voll wird. Vielleicht könnte der Eindruck erweckt werden, dass die tatsächlichen Zuschauer Teil des Theaterspiels sind, z. B. durch Verlängerung der Kulissen in den Zuschauerraum.

b) *Liste der Figuren*
Richter, Staatsanwalt, Verteidiger, Claire Zachanassian, Bürgermeister, eventuell weitere Zeugen.

c) Zuerst müsste der Staatsanwalt die Machenschaften von Claire Zachanassian aufdecken, da sie die Grundlage für das weitere Verfahren sind. Als Zeugin für die allgemeine Erwartung, dass Ill sterben werde, könnte Frau Ill geladen werden, die bestätigen könnte, dass alle in ihrem Laden haben anschreiben lassen. Der Plan des Stadthauses wäre ein wichtiges Beweismittel für die Verwicklung des Bürgermeisters. Das Ziel, auf das der Staatsanwalt hinarbeitet, ist ein Geständnis der Angeklagten.

d) Der Verteidiger müsste versuchen, das Unrecht, das Claire Zachanassian widerfahren ist, hervorzuheben. Dadurch betont er ihr „berechtigtes" Anliegen nach Wiedergutmachung. Im Fall des Bürgermeisters müsste er alles abstreiten bzw. stur betonen, dass dessen „Schuld" nicht nachweisbar sei.

e) Beide müssten schuldig gesprochen werden. Claire Zachanassian könnte mit einer hohen Freiheitsstrafe davonkommen. Der Bürgermeister müsste härter bestraft werden, auch wenn sie die Urheberin der ganzen Angelegenheit ist. Auf Mord steht normalerweise lebenslänglicher Freiheitsentzug.

5

Die Szene mit der Gerichtsverhandlung könnte folgendermaßen stattfinden: Gerichtssaal mit dunkler Holzvertäfelung, links Richterbank, in der Mitte der Zeugenstuhl, rechts vorne und hinten Verteidigung bzw. Staatsanwaltschaft.

RICHTER: *(höflich)* Nehmen Sie Platz, Frau Zachanassian.

CLAIRE: Danke.

STAATSANWALT: Frau Zachanassian, Sie werden beschuldigt, zum Mord an Alfred Ill angestiftet zu haben. Ist es richtig, dass Sie der Stadt Güllen 500 Millionen und ihren Bewohnern weitere 500 Millionen geboten haben, wenn jemand Ill umbringt?

CLAIRE: *(herablassend)* Das ist richtig.

STAATSANWALT: Ist es ferner zutreffend, dass Sie die zuvor wohlhabende Stadt systematisch zugrunde gerichtet haben, um sie für dieses unmoralische Angebot empfänglich zu machen.

CLAIRE: *(ohne eine Miene zu verziehen, kühl)* Auch das ist richtig, Herr Staatsanwalt.

STAATSANWALT: Ich mag es kaum glauben, dass jemand so kaltblütig sein kann.

CLAIRE: Ich wollte mir die Gerechtigkeit kaufen.

STAATSANWALT: *(verwundert)* Man kann die Gerechtigkeit nicht kaufen.

CLAIRE: Man kann alles kaufen.

Pause

VERTEIDIGER: Könnten Sie uns das erläutern, Frau Zachanassian, was Sie damit meinen, Sie wollten sich Gerechtigkeit kaufen?

CLAIRE: *(erbittert)* Vor 50 Jahren hat Ill in einem Vaterschaftsprozess in diesem Gerichtssaal Zeugen bestochen, die aussagten, dass sie mit mir geschlafen hätten. So musste die Klage, die ich gegen ihn angestrengt hatte, abgewiesen werden. Das Urteil machte mich zur Hure und Güllen verstieß mich. Nun wollte ich dafür Gerechtigkeit erfahren.

VERTEIDIGER: *(zufrieden)* Ich danke Ihnen.

STAATSANWALT: Es bleibt dennoch ein Verbrechen, andere zum Mord anzustiften. Ich fordere eine Freiheitsstrafe von 15 Jahren.

Pause

STAATSANWALT: Nachdem nun hinreichend geklärt ist, wie die Ereignisse ins Rollen gekommen sind, möchte ich den Bürgermeister als Vertreter der Stadt verhören.

RICHTER: Bitten Sie den Bürgermeister herein!
(dieser tritt auf) Setzen Sie sich.

STAATSANWALT: Herr Bürgermeister, Sie als Vertreter der öffentlichen Ordnung, als Vorsteher des Gemeinwesens haben eine besondere Verantwortung für die Einhaltung der Gesetze. Können Sie zunächst bestätigen, dass Claire Zachanassian ein solch eindeutiges Angebot öffentlich gemacht hat?

BÜRGERMEISTER: Ja, das kann ich. Aber Gott sei dank leben wir ja in Mitteleuropa, wo man sich die Gerechtigkeit nicht einfach kaufen kann. Wir waren zunächst geschockt, haben ihr aber dann unmissverständlich klar gemacht, dass sie mit uns nicht rechnen kann.

Claire bleibt unbewegt; Spot auf Claire

STAATSANWALT: Und doch haben alle damit gerechnet, dass es einer tun wird. Jeder soll sich verschuldet haben, um z. B. anschreiben zu lassen oder gelbe Schuhe zu kaufen.

BÜRGERMEISTER: Davon habe ich gehört. Es ist aber kein Verbrechen. Ich weiß nicht, worauf Sie hinauswollen.

STAATSANWALT: Ich will darauf hinaus, dass auch Sie in der Erwartung lebten, dass die Stadt Geld bekommen würde. Sie haben selbst eine Skizze für ein neues Stadthaus in Auftrag gegeben.

VERTEIDIGER: *(energisch)* Einspruch!

RICHTER: Abgelehnt!

BÜRGERMEISTER: *(unsicher)* Man wird ja noch planen dürfen.

STAATSANWALT: Sie selbst haben die entscheidende Sitzung geleitet, in der über Alfred Ills Tod abgestimmt wurde. Sie versuchten, die versammelte Weltöffentlichkeit zu täuschen, doch in Wahrheit haben Sie alle ihn umgebracht.

VERTEIDIGER: Einspruch! Das können Sie nicht beweisen.

RICHTER: Stattgegeben!

STAATSANWALT: Dann haben Sie uns noch vormachen wollen, dass es Tod aus Freude gewesen sei. Lügen, Lügen und nochmals Lügen. Muss ich erst den Arzt in den Zeugenstand rufen? Oder den Lehrer?

(erwartungsvolle Stille)

BÜRGERMEISTER: *(leise)* Nein. *(Pause)* Es ist so, wie Sie sagen. Ich gestehe es.

STAATSANWALT: Dann war es also Mord.

Licht aus

Aus dem Off (unsichtbar) Stimme des RICHTERS: Im Prozess „Das Volk gegen Claire Zachanassian und den Bürgermeister von Güllen“ ergehen folgende Urteile: Claire Zachanassian wird wegen Anstiftung zum Mord zu 10 Jahren Freiheitsentzug und einer Geldstrafe von einer Milliarde verurteilt. Der Bürgermeister wird wegen gemeinschaftlichen Mordes zu lebenslänglichem Freiheitsentzug verurteilt.

Test

Hast du bei der Erarbeitung der Szene inhaltlich und dramaturgisch vorab folgende Schritte geleistet?

1. Hast du die **historischen Umstände** berücksichtigt?
   Hast du erkannt,
   - dass der Nationalsozialismus nicht nur durch das Konzentrationslager Westhofen im Roman präsent ist, sondern dass er auch die Beziehungen von Menschen grundlegend beeinträchtigt?
   - dass sich Georg daher nicht sicher sein kann, ob er dem anderen vertrauen kann?
   - wie gefährlich das Treffen für beide, insbesondere aber für Franz ist?
   - dass willkürliche Verhaftungen – wie beispielhaft beschrieben – an der Tagesordnung waren?

2. Hast du die **Erfahrungen und Gedanken der beiden Figuren** – möglicherweise mit einer jeweils anderen Farbe – im Text markiert oder listenförmig zusammengetragen?
   Hast du in **Bezug auf Georg** herausgearbeitet,
   - dass er nicht allein geflohen ist, sondern mit sechs weiteren Häftlingen ausgebrochen ist? Dabei gehen sie jedoch ihre eigenen Wege. (Georg erfährt übrigens teilweise davon, dass die anderen wieder gefangen genommen werden.)
   - wie bedrohlich nahe ihm die Verfolger anfangs gekommen sind?
   - welche Gefühle ihm in den ersten Minuten und Stunden durch den Kopf gehen (Todesangst, Einstellung zum Tod, Gefühl, ein Tier zu sein)?
   - wie er durch den Abwasserkanal einer Fabrik entkommt?
   - konkrete Pläne für die Flucht hatte?
   - durch Glück nach Oppenheim gelangt
   - verschiedene Möglichkeiten durchdenkt, bei wem er unterkommen könnte? Dazu dürfte auch seine Frau und deren Familie gehören.

Hast du **in Bezug auf Franz** erkannt,

- dass er sich schon sehr früh Gedanken macht, Georg könnte unter den Flüchtenden sein?
- dass er sich unsicher ist, wie das Verhältnis zu Georg zu beschreiben ist und sich erst klar werden muss, dass er sein bester Freund (gewesen) ist?
- dass er heimlich Nachforschungen anstellt und dabei Zeuge der Verhaftung von Georgs Frau wird?
- dass ihm dies die Gewissheit gibt, dass Georg unter den entkommenen Sträflingen ist.

3. Hast du hinsichtlich der **Dramatisierung** daran gedacht, wie das **Bühnenbild** gestaltet werden könnte bzw. welche **Requisiten** benötigt werden?
   - Hast du die Textstelle gefunden, die das Aussehen der Kammer (Ort der Szene) beschreibt?
   - Hast du dir überlegt, wie du dies auf einer Bühne realisieren könntest (Bretterverschlag, ärmliche Verhältnisse, Enge)? Welche Sitzgelegenheiten sind vorhanden?
   - Hast du bedacht, welche Kleidung die beiden anhaben könnten?

4. Hast du überlegt, welches **Licht** du einsetzen möchtest (möglicherweise könnte ziemlich dunkles Licht oder eine Kerze die Heimlichkeit des Treffens unterstreichen)?

5. Hast du bei der Niederschrift daran gedacht, **Regieanweisungen** als Hilfestellung für den Leser zu geben?

Quellenverzeichnis

S. 24 f.	Oskar Fehrenbach „Unser Jugendkult“ (Auszug) aus: Sonntag Aktuell
S. 27 f.	Peter Bichsel „Engagement“ (Auszug) aus: P. Bichsel, Geschichten zur falschen Zeit. Luchterhand, Darmstadt und Neuwied 1981
S. 30 f.	Stefan Grau „Fröhlichkeit kommt nicht aus Flaschen“ aus: Der Schwarzwälder am Wochenende, 21./22.7.1979
S. 34 f.	Michael Fritzen „Langeweile wuchert mehr denn je“ (Auszug) aus: Frankfurter Allgemeine Zeitung, 03.06.1982
S. 45	Selma Meerbaum-Eisinger „Schlaflied für die Sehnsucht“ aus: Ich bin in Sehnsucht eingehüllt. Gedichte eines jüdischen Mädchens an seinen Freund. © 1980 Hoffmann und Campe Verlag, Hamburg
S. 46	Günter Kunert „Auf der Schwelle des Hauses“ aus: Kunert, Erinnerungen an einen Planeten. Gedichte. Carl Hanser, München 1963
S. 47	Rainer Brambach „Paul“ aus: Brambach, Wirf eine Münze auf. Diogenes, Zürich 1977
S. 49	Bertolt Brecht „Der Rauch“ aus: Brecht, Die Gedichte in einem Band. Suhrkamp, Frankfurt am Main 1981
S. 50	Alfred Wolfenstein „Städter“ aus: Wolfgang Rothe (Hrsg.), Deutsche Großstadtlyrik vom Naturalismus bis zur Gegenwart. Reclam, Stuttgart 1973, S. 194
S. 52	Conrad Ferdinand Meyer „Zwei Segel“ aus: Theodor Echtermeyer, Benno v. Wiese (Hrsg.), Deutsche Gedichte. Düsseldorf 1972
S. 55	Bertolt Brecht „Moderne Legende“ aus: Brecht, Die Gedichte in einem Band. Suhrkamp, Frankfurt am Main 1981
S. 57 f.	Margret Steenfatt „Im Spiegel“ aus: Hans-Joachim Gelberg (Hrsg.), Augenaufmachen. Siebtes Jahrbuch der Kinderliteratur. Beltz Verlag, Weinheim u. Basel, 1984
S. 59 ff.	Rainer Brambach „Känsterle“ aus: R. Brambach, Für sechs Tassen Kaffee. Diogenes Verlag, Zürich 1972
S. 62 f.	Bettina Blumenberg „Lau“ aus: Schreibheft, Zeitschrift für Literatur 16/81, Zyklus „Zuwendungen“. Homann und Wehr Verlag, Essen 1981
S. 64 f.	Bertolt Brecht „Herr Keuner und die Flut“ aus: Geschichten vom Herrn Keuner. © Suhrkamp Verlag, Frankfurt am Main 1971

S. 65	Peter Bichsel „Erklärung" aus: Eigentlich möchte Frau Blum den Milchmann kennenlernen. © Suhrkamp Verlag, Frankfurt am Main 1993
S. 67 ff.	Günter Seuren „Das Experiment" aus: Walter Urbanek (Hrsg.), Spiegelungen. Moderne deutsche Kurzprosa. Buchner Verlag, Bamberg 1966
S. 71	Günter Kunert „Der verlorene Enkel" aus: G. Kunert, Camera obscura. © 1978 Carl Hanser Verlag, München Wien
S. 73 f.	Max Frisch „Andorra". Suhrkamp Verlag, Frankfurt am Main, 1975
S. 74 ff.	Ödön von Horváth „Jugend ohne Gott". Suhrkamp Verlag, Frankfurt am Main 1982
S. 83 ff.	Friedrich Dürrenmatt „Der Besuch der alten Dame". Diogenes Verlag, Zürich 1996
S. 94 f.	Günter Kunert „Das Bild der Schlacht am Isonzo" aus: Kunert, Der Hai. Erzählungen und kleine Prosa. Auswahl und Nachwort von Dietrich Bode. Reclam Stuttgart 1974 (Universal-Bibliothek 9716)
S. 96 f.	Kurt Marti „Happy End" aus: Kurt Marti: Dorfgeschichten. Erzählungen. Luchterhand, Darmstadt 1983
S. 98 ff.	Peter Weiss „Der Ernst des Lebens" aus: Weiss, Abschied von den Eltern. Suhrkamp Verlag, Frankfurt am Main 1961
S. 102 f.	Peter Bichsel „Die Tochter" aus: Eigentlich möchte Frau Blum den Milchmann kennenlernen. © Suhrkamp Verlag, Frankfurt am Main 1993
S. 106 ff.	Heinrich Böll „Die verlorene Ehre der Katharina Blum". DTV, München 1997 (Originalausgabe: Köln 1974)
S. 111 ff.	Hermann Hesse „Unterm Rad". Suhrkamp Verlag, Frankfurt am Main 1972
S. 117 ff.	Friedrich Schiller „Maria Stuart. Ein Trauerspiel". Hamburger Lesehefte Verlag, 12. Heft, o. J.
S. 120 ff.	Friedrich Dürrenmatt „Der Besuch der alten Dame". Diogenes Verlag, Zürich 1996
S. 124 ff.	Anna Seghers „Das siebte Kreuz." Aufbau, Berlin 2000

Sachregister